Y Beibl
Wedi Ei Ddramateiddio

CYHOEDDIADAU'R
GAIR

ⓗ Cyhoeddiadau'r Gair 2008
Cyhoeddiadau'r Gair
Aelybryn,
Chwilog,
Pwllheli,
Gwynedd LL53 6SH

Testun yn seiliedig ar destun y Beibl Cymraeg Newydd Diwygiedig,
gyda diolch i Gymdeithas y Beibl am bob cydweithrediad

Trefnwyd y darlleniadau gan Trefor Lewis
Golygydd Cyffredinol: Aled Davies
Clawr a Chysodi: Ynyr Gruffudd Roberts

ISBN 1 85994 569 4

Argraffwyd yng Nghymru

Y **Beibl** Wedi Ei Ddramateiddio

Cynnwys

RHAN 1

Y SALMAU

Salm 1
Gwir Hapusrwydd

Llais 1   Gwyn ei fyd y sawl nad yw'n dilyn cyngor y
drygionus, nac yn ymdroi hyd ffordd pechaduriaid,
nac yn eistedd ar sedd gwatwarwyr,

Llais 2   ond sy'n cael ei hyfrydwch yng nghyfraith yr
ARGLWYDD ac yn myfyrio yn ei gyfraith ef ddydd
a nos.

Llais 1   Y mae fel pren wedi ei blannu wrth ffrydiau dŵr
ac yn rhoi ffrwyth yn ei dymor,
a'i ddeilen heb fod yn gwywo.
Beth bynnag a wna, fe lwydda.

Llais 2   Nid felly y bydd y drygionus,
ond fel us yn cael ei yrru gan wynt.
Am hynny, ni saif y drygionus yn y farn
na phechaduriaid yng nghynulleidfa'r cyfiawn.

Llais 1   Y mae'r ARGLWYDD yn gwylio ffordd y cyfiawn,

Llais 2   ond y mae ffordd y drygionus yn darfod.

Salm 3
Gweddi foreuol am gymorth

Addolwr 1 ARGLWYDD, mor lluosog yw fy ngwrthwynebwyr!
Y mae llawer yn codi yn f'erbyn, a llawer yn dweud
amdanaf,

Gelyn Ni chaiff waredigaeth yn Nuw.

Addolwr 2 Ond yr wyt ti, ARGLWYDD, yn darian i mi,
yn ogoniant i mi ac yn fy nyrchafu.
Gwaeddaf yn uchel ar yr ARGLWYDD, ac etyb fi
o'i fynydd sanctaidd.

Addolwr 1 Yr wyf yn gorwedd ac yn cysgu, ac yna'n deffro am
fod yr ARGLWYDD yn fy nghynnal.
Nid ofnwn pe bai myrddiwn o bobl yn ymosod arnaf
o bob tu.

Addolwr 2 Cyfod, ARGLWYDD; gwareda fi, O fy Nuw.
Byddi'n taro fy holl elynion yn eu hwyneb,
ac yn torri dannedd y drygionus.

Addolwr 1 I'r ARGLWYDD y perthyn gwaredigaeth;

Addolwr 2 Bydded dy fendith ar dy bobl.

Salm 4
Gweddi hwyrol am gymorth

Addolwr   Ateb fi pan alwaf, O Dduw fy nghyfiawnder!
Pan oeddwn mewn cyfyngder, gwaredaist fi;
bydd drugarog wrthyf, a gwrando fy ngweddi.

Duw   Bobl, am ba hyd y bydd fy ngogoniant yn warth, ac
y byddwch yn caru gwagedd ac yn ceisio celwydd?

Addolwr   Deallwch fod yr ARGLWYDD wedi neilltuo'r
ffyddlon iddo'i hun; y mae'r ARGLWYDD yn
gwrando arnaf pan alwaf arno.

Arweinydd   Er i chwi gynddeiriogi, peidiwch â phechu;
er i chwi ymson ar eich gwely, byddwch ddistaw.
Offrymwch aberthau cywir, ac ymddiriedwch yn yr
ARGLWYDD.

Addolwr   Y mae llawer yn dweud,

Person 1   Pwy a ddengys i ni ddaioni?

Person 2   Cyfoded llewyrch dy wyneb arnom, ARGLWYDD.

Addolwr   Rhoddaist fwy o lawenydd yn fy nghalon,
na'r eiddo hwy pan oedd llawer o ŷd a gwin.
Yn awr gorweddaf mewn heddwch a chysgu,
oherwydd ti yn unig, ARGLWYDD, sy'n peri imi
fyw'n ddiogel.

Salm 8
Gogoniant Creadigaeth Duw

Addolwyr(3) O ARGLWYDD, ein Iôr, mor ardderchog yw dy enw ar yr holl ddaear!

Addolwr 1 Gosodaist dy ogoniant uwch y nefoedd, codaist amddiffyn rhag dy elynion o enau babanod a phlant sugno, a thawelu'r gelyn a'r dialydd.

Addolwr 2 Pan edrychaf ar y nefoedd, gwaith dy fysedd, y lloer a'r sêr, a roddaist yn eu lle, beth yw meidrolyn, iti ei gofio, a'r teulu dynol, iti ofalu amdano?

Addolwr 3 Eto gwnaethost ef ychydig islaw Duw, a'i goroni â gogoniant ac anrhydedd. Rhoist iddo awdurdod ar waith dy ddwylo, a gosod popeth dan ei draed:

Addolwr 1 defaid ac ychen i gyd, yr anifeiliaid gwylltion hefyd,

Addolwr 2 adar y nefoedd, a physgod y môr, a phopeth sy'n tramwyo llwybrau'r dyfroedd.

Addolwyr(3) O ARGLWYDD, ein Iôr, mor ardderchog yw dy enw ar yr holl ddaear!

Salm 9
Diolch am gyfiawnder Duw

Addolwr 1   Diolchaf i ti, ARGLWYDD, â'm holl galon,
adroddaf am dy ryfeddodau.
Llawenhaf a gorfoleddaf ynot ti,
canaf fawl i'th enw, y Goruchaf.
Pan dry fy ngelynion yn eu holau,
baglant a threngi o'th flaen.
Gwnaethost yn deg â mi yn fy achos,
ac eistedd ar dy orsedd yn farnwr cyfiawn.

Addolwr 2   Ceryddaist y cenhedloedd a difetha'r drygionus,
a dileaist eu henw am byth. Darfu am y gelyn
mewn adfeilion bythol; yr wyt wedi chwalu eu
dinasoedd, a diflannodd y cof amdanynt.

Athro   Ond y mae'r ARGLWYDD wedi ei orseddu am
byth, ac wedi paratoi ei orsedd i farn. Fe farna'r
byd mewn cyfiawnder, a gwrando achos y
bobloedd yn deg.

Addolwr 1   Bydded yr ARGLWYDD yn amddiffynfa
i'r gorthrymedig, yn amddiffynfa yn amser
cyfyngder, fel y bydd y rhai sy'n cydnabod dy
enw ymddiried ynot; oherwydd ni adewaist,
ARGLWYDD, y rhai sy'n dy geisio.

Addolwr 2   Canwch fawl i'r ARGLWYDD sy'n trigo yn Seion,
cyhoeddwch ei weithredoedd ymysg y bobloedd.
Fe gofia'r dialydd gwaed amdanynt;
nid yw'n anghofio gwaedd yr anghenus.

Addolwr 1   Bydd drugarog wrthyf, O ARGLWYDD,
sy'n fy nyrchafu o byrth angau; edrych ar fy adfyd

oddi ar law y rhai sy'n fy nghasáu,
imi gael adrodd dy holl fawl a llawenhau yn dy
waredigaeth ym mhyrth merch Seion.

Athro   Suddodd y cenhedloedd i'r pwll a wnaethant eu
hunain, daliwyd eu traed yn y rhwyd yr oeddent
hwy wedi ei chuddio. Datguddiodd yr ARGLWYDD
ei hun, gwnaeth farn;
maglwyd y drygionus gan waith ei ddwylo'i hun.

Addolwr 2   Bydded i'r drygionus ddychwelyd i Sheol,
a'r holl genhedloedd sy'n anghofio Duw.
Oherwydd nid anghofir y tlawd am byth,
ac ni ddryllir gobaith yr anghenus yn barhaus.

Addolwr 1   Cyfod, ARGLWYDD; na threched meidrolion,
ond doed y cenhedloedd i farn o'th flaen.

Addolwr 2   Rho arswyd ynddynt, ARGLWYDD, a bydded i'r
cenhedloedd wybod mai meidrol ydynt.

Salm 10
Gweddi am Gyfiawnder

Addolwr 1 Pam, ARGLWYDD, y sefi draw, ac ymguddio yn amser cyfyngder?

Llais 1 Y mae'r drygionus yn ei falchder yn ymlid yr anghenus; dalier ef yn y cynlluniau a ddyfeisiodd.

Llais 2 Oherwydd ymffrostia'r drygionus yn ei chwant ei hun, ac y mae'r barus yn melltithio ac yn dirmygu'r ARGLWYDD.

Llais 1 Nid yw'r drygionus ffroenuchel yn ei geisio, nid oes lle i Dduw yn ei holl gynlluniau.

Llais 2 Troellog yw ei ffyrdd bob amser, y mae dy farnau di y tu hwnt iddo; ac am ei holl elynion, fe'u dirmyga. Ac fe ddywed ynddo'i hun,

Yr Anghyfiawn Ni'm symudir; trwy'r cenedlaethau ni ddaw niwed ataf.

Llais 1 Y mae ei enau'n llawn melltith, twyll a thrais; y mae cynnen a drygioni dan ei dafod.

Llais 2 Y mae'n aros mewn cynllwyn yn y pentrefi, a lladd y diniwed yn y dirgel; gwylia ei lygaid am yr anffodus.

Llais 1 Llecha'n ddirgel fel llew yn ei ffau; llecha er mwyn llarpio'r truan, ac fe'i deil trwy ei dynnu i'w rwyd; caiff ei ysigo a'i ddarostwng ganddo, ac fe syrthia'r anffodus i'w grafangau. Dywed yntau ynddo'i hun,

**Yr
Anghyfiawn**   Anghofiodd Duw, cuddiodd ei wyneb ac ni wêl ddim.

Addolwr   Cyfod, ARGLWYDD; O Dduw, cod dy law, nac anghofia'r anghenus. Pam y mae'r drygionus yn dy ddirmygu, O Dduw, ac yn tybio ynddo'i hun nad wyt yn galw i gyfrif?

Ond yn wir, yr wyt yn edrych ar helynt a gofid, ac yn sylwi er mwyn ei gymryd yn dy law; arnat ti y dibynna'r anffodus, ti sydd wedi cynorthwyo'r amddifad.

Dryllia nerth y drygionus a'r anfad; chwilia am ei ddrygioni nes ei dihysbyddu.

Llais 1   Y mae'r ARGLWYDD yn frenin byth bythoedd; difethir y cenhedloedd o'i dir.

Llais 2   Clywaist, o Arglwydd, ddyhead yr anghenus; yr wyt yn cryfhau eu calon wrth wrando arnynt, yn gweinyddu barn i'r amddifad a'r gorthrymedig, rhag i feidrolion beri ofn mwyach.

Salm 13
Gweddi am Gymorth

Addolwr 1 Am ba hyd, ARGLWYDD, yr anghofi fi'n llwyr?
Addolwr 2 Am ba hyd y cuddi dy wyneb oddi wrthyf?

Addolwr 1 Am ba hyd y dygaf loes yn fy enaid,
a gofid yn fy nghalon ddydd ar ôl dydd?

Addolwr 2 Am ba hyd y bydd fy ngelyn yn drech na mi?

Addolwr 1 Edrych arnaf ac ateb fi, O ARGLWYDD fy Nuw;
goleua fy llygaid rhag imi gysgu hun marwolaeth,
rhag i'm gelyn ddweud,

Gelyn Gorchfygais ef

Addolwr 1 ac i'm gwrthwynebwyr lawenhau pan gwympaf.

Addolwr 2 Ond yr wyf fi'n ymddiried yn dy ffyddlondeb,
a chaiff fy nghalon lawenhau yn dy waredigaeth;
canaf i'r ARGLWYDD, am iddo fod mor hael
wrthyf.

Salm 14
Drygioni ac Anwybodaeth

Llais 1   Dywed yr ynfyd yn ei galon,

Ffŵl   Nid oes Duw.

Llais 1   Gwnant weithredoedd llygredig a ffiaidd;
nid oes un a wna ddaioni.

Llais 2   Edrychodd yr ARGLWYDD o'r nefoedd ar
ddynolryw, i weld a oes rhywun yn gwneud yn
ddoeth, ac yn ceisio Duw. Ond y mae pawb ar
gyfeiliorn, ac mor llygredig â'i gilydd; nid oes un a
wna ddaioni, nac oes, dim un.

Llais 1 ●   Oni ddarostyngir y gwneuthurwyr drygioni, sy'n
llyncu fy mhobl fel llyncu bwyd, ac sydd heb alw ar
yr ARGLWYDD?

Llais 2   Yno y byddant mewn dychryn mawr, am fod Duw
yng nghanol y rhai cyfiawn.
Er i chwi watwar cyngor yr anghenus,
yr ARGLWYDD yw ei noddfa.

Llais 1   O na ddôi gwaredigaeth i Israel o Seion!

Llais 2   Pan adfer yr ARGLWYDD lwyddiant i'w bobl,

Llais 1 a 2 fe lawenhâ Jacob, fe orfoledda Israel.

Salm 15
Pwy sy'n Dderbyniol?

Ymholwr ARGLWYDD, pwy a gaiff aros yn dy babell?
Pwy a gaiff fyw yn dy fynydd sanctaidd?

Llais 1 Yr un sy'n byw'n gywir, yn gwneud cyfiawnder,
ac yn dweud gwir yn ei galon;
un nad oes malais ar ei dafod,
nad yw'n gwneud niwed i'w gyfaill,
nac yn goddef enllib am ei gymydog;

Llais 2 un sy'n edrych yn ddirmygus ar yr ysgymun,
ond yn parchu'r rhai sy'n ofni'r ARGLWYDD;
un sy'n tyngu i'w niwed ei hun, a heb dynnu'n ôl;

Llais 1 un nad yw'n rhoi ei arian am log,
nac yn derbyn cil-dwrn yn erbyn y diniwed.

Llais 2 Pwy bynnag a wna hyn, nis symudir byth.

Salm 19
Gogoniant a Chyfraith Duw

Llais 1   Y mae'r nefoedd yn adrodd gogoniant Duw,
Llais 2   a'r ffurfafen yn mynegi gwaith ei ddwylo.

Llais 1   Y mae dydd yn llefaru wrth ddydd,
Llais 2   a nos yn cyhoeddi gwybodaeth wrth nos.

Llais 1   Nid oes iaith na geiriau ganddynt,
           ni chlywir eu llais;
           eto fe â eu sain allan drwy'r holl ddaear
           a'u lleferydd hyd eithafoedd byd.

Llais 2   Ynddynt gosododd babell i'r haul,
           sy'n dod allan fel priodfab o'i ystafell,
           yn llon fel campwr yn barod i redeg cwrs.
           O eithaf y nefoedd y mae'n codi,
           a'i gylch hyd yr eithaf arall;
           ac nid oes dim yn cuddio rhag ei wres.

Llais 1   Y mae cyfraith yr ARGLWYDD yn berffaith,
           yn adfywio'r enaid;
Llais 2   y mae tystiolaeth yr ARGLWYDD yn sicr,
           yn gwneud y syml yn ddoeth;

Llais 1   y mae deddfau'r ARGLWYDD yn gywir,
           yn llawenhau'r galon;
Llais 2   y mae gorchymyn yr ARGLWYDD yn bur,
           yn goleuo'r llygaid;

Llais 1   y mae ofn yr ARGLWYDD yn lân,
           yn para am byth;
Llais 2   y mae barnau'r ARGLWYDD yn wir,
           yn gyfiawn bob un.

Llais 1   Mwy dymunol ydynt nag aur,
na llawer o aur coeth,
Llais 2   a melysach na mêl,
ac na diferion diliau mêl.

Llais 1   Trwyddynt hwy hefyd rhybuddir fi,
ac o'u cadw y mae gwobr fawr.

Llais 2   Pwy sy'n dirnad ei gamgymeriadau?
Glanha fi oddi wrth fy meiau cudd.
Cadw dy was oddi wrth bechodau beiddgar,
rhag iddynt gael y llaw uchaf arnaf.
Yna byddaf yn ddifeius
ac yn ddieuog o bechod mawr.

Llais 1 a 2   Bydded geiriau fy ngenau'n dderbyniol gennyt,
a myfyrdod fy nghalon yn gymeradwy i ti,
O ARGLWYDD, fy nghraig a'm prynwr.

Salm 22
Cri o anobaith a Salm o Foliant

Person unig Fy Nuw, fy Nuw, pam yr wyt wedi fy ngadael,
ac yn cadw draw rhag fy ngwaredu
ac oddi wrth eiriau fy ngriddfan?
O fy Nuw, gwaeddaf arnat liw dydd,
ond nid wyt yn ateb,
a'r nos, ond ni chaf lonyddwch.

Addolwr Eto, yr wyt ti, y Sanctaidd, wedi dy orseddu yn
foliant i Israel.
Ynot ti yr oedd ein hynafiaid yn ymddiried, yn
ymddiried a thithau'n eu gwaredu.
Arnat ti yr oeddent yn gweiddi ac achubwyd hwy,
ynot ti yr oeddent yn ymddiried ac ni chywilyddiwyd
hwy.

Gwrthodedig Pryfyn wyf ac nid dyn,
gwawd a dirmyg i bobl.
Y mae pawb sy'n fy ngweld yn fy ngwatwar,
yn gwneud ystumiau arnaf ac yn ysgwyd pen:

Gwatwarwr Rhoes ei achos i'r ARGLWYDD, bydded iddo ef ei
achub!
Bydded iddo ef ei waredu, oherwydd y mae'n ei
hoffi!

Person Unig Ond ti a'm tynnodd allan o'r groth,
a'm rhoi ar fronnau fy mam;
arnat ti y bwriwyd fi ar fy ngenedigaeth,
ac o groth fy mam ti yw fy Nuw.
Paid â phellhau oddi wrthyf,
oherwydd y mae fy argyfwng yn agos
ac nid oes neb i'm cynorthwyo.

Gwrthodedig Y mae gyr o deirw o'm cwmpas,
rhai cryfion o Basan yn cau amdanaf;
y maent yn agor eu safn amdanaf
fel llew yn rheibio a rhuo.

Person Unig Yr wyf wedi fy nihysbyddu fel dŵr,
a'm holl esgyrn yn ymddatod;
y mae fy nghalon fel cwyr,
ac yn toddi o'm mewn;
y mae fy ngheg yn sych fel cragen,
a'm tafod yn glynu wrth daflod fy ngenau;
yr wyt wedi fy mwrw i lwch marwolaeth.

Gwrthodedig Y mae cŵn o'm hamgylch,
haid o ddihirod yn cau amdanaf;
y maent yn trywanu fy nwylo a'm traed.
Gallaf gyfrif pob un o'm hesgyrn,
ac y maent hwythau'n edrych ac yn
rhythu arnaf.
Y maent yn rhannu fy nillad yn eu mysg,
ac yn bwrw coelbren ar fy ngwisg.

Ond ti, ARGLWYDD, paid â sefyll draw;
O fy nerth, brysia i'm cynorthwyo.
Gwared fi rhag y cleddyf,
a'm hunig fywyd o afael y cŵn.
Achub fi o safn y llew,
a'm bywyd tlawd rhag cyrn yr ychen gwyllt.

Person Unig Fe gyhoeddaf dy enw i'm cydnabod,
a'th foli yng nghanol y gynulleidfa:

Addolwr Molwch ef, chwi sy'n ofni'r ARGLWYDD;
rhowch anrhydedd iddo, holl dylwyth Jacob;
ofnwch ef, holl dylwyth Israel.

Oherwydd ni ddirmygodd na diystyru
gorthrwm y gorthrymedig;
ni chuddiodd ei wyneb oddi wrtho,
ond gwrando arno pan lefodd.

Person Unig Oddi wrthyt ti y daw fy mawl yn y gynulleidfa fawr,
a thalaf fy addunedau yng ngŵydd y rhai sy'n ei
ofni.

Gwrthodedig Bydd yr anghenus yn bwyta, ac yn cael digon,
a'r rhai sy'n ceisio'r ARGLWYDD yn ei foli.
Bydded i'w calonnau fyw byth!

Person Unig Bydded holl gyrrau'r ddaear yn cofio
ac yn dychwelyd at yr ARGLWYDD,
a holl dylwythau'r cenhedloedd yn ymgrymu o'i
flaen.
Oherwydd i'r ARGLWYDD y perthyn brenhiniaeth,
ac ef sy'n llywodraethu dros y cenhedloedd.

Gwrthodedig Sut y gall y rhai sy'n cysgu yn y ddaear blygu iddo
ef, a'r rhai sy'n disgyn i'r llwch ymgrymu o'i flaen?

Person Unig Ond byddaf fi fyw iddo ef,
a bydd fy mhlant yn ei wasanaethu;
dywedir am yr ARGLWYDD wrth genedlaethau i
ddod, a chyhoeddi ei gyfiawnder wrth bobl
heb eu geni, mai ef a fu'n gweithredu.

Salm 23
Yr Arglwydd yn Fugail

Llais 1 a 2   Yr ARGLWYDD yw fy mugail, ni bydd eisiau arnaf.

Llais 1   Gwna imi orwedd mewn porfeydd breision,
a thywys fi gerllaw dyfroedd tawel,
ac y mae ef yn fy adfywio.

Llais 2   Fe'm harwain ar hyd llwybrau cyfiawnder er mwyn
ei enw.

Llais 1   Er imi gerdded trwy ddyffryn tywyll du,
nid ofnaf unrhyw niwed,
oherwydd yr wyt ti gyda mi,
a'th wialen a'th ffon yn fy nghysuro.

Llais 2   Yr wyt yn arlwyo bwrdd o'm blaen yng ngŵydd fy
ngelynion;
yr wyt yn eneinio fy mhen ag olew;
y mae fy nghwpan yn llawn.

Llais 1 a 2   Yn sicr, bydd daioni a thrugaredd yn fy nilyn, bob
dydd o'm bywyd, a byddaf yn byw yn nhŷ'r
ARGLWYDD weddill fy nyddiau.

Salm 24
Brenin Gogoniant

Arweinydd Eiddo'r ARGLWYDD yw'r ddaear a'i llawnder,
Ymateb y byd a'r rhai sy'n byw ynddo;

Arweinydd oherwydd ef a'i sylfaenodd ar y moroedd
Ymateb a'i sefydlu ar yr afonydd.

Arweinydd Pwy a esgyn i fynydd yr ARGLWYDD,
a phwy a saif yn ei le sanctaidd?
Ymateb Y glân ei ddwylo a'r pur o galon,
yr un sydd heb osod ei feddwl ar dwyll
a heb dyngu'n gelwyddog.

Arweinydd Fe dderbyn fendith gan yr ARGLWYDD
Ymateb a chyfiawnder gan Dduw ei iachawdwriaeth.

Arweinydd Dyma'r genhedlaeth sy'n ei geisio,
Ymateb sy'n ceisio wyneb Duw Jacob.

Arweinydd Codwch eich pennau, O byrth!
Ymddyrchefwch, O ddrysau tragwyddol!
Ymateb i frenin y gogoniant ddod i mewn.

Arweinydd Pwy yw'r brenin gogoniant hwn?
Ymateb Yr ARGLWYDD, cryf a chadarn,
Yr ARGLWYDD, cadarn mewn rhyfel.

Arweinydd Codwch eich pennau, O byrth!
Ymddyrchefwch, o ddrysau tragwyddol!
Ymateb I frenin y gogoniant ddod i mewn.

Arweinydd Pwy yw'r brenin gogoniant hwn?
Ymateb ARGLWYDD y Lluoedd, ef yw brenin y gogoniant.

Salm 27
Moliant

Addolwr 1 Yr ARGLWYDD yw fy ngoleuni a'm gwaredigaeth,
rhag pwy yr ofnaf?
Yr ARGLWYDD yw cadernid fy mywyd,
rhag pwy y dychrynaf?
Pan fydd rhai drwg yn cau amdanaf
i'm hysu i'r byw,
hwy, fy ngwrthwynebwyr a'm gelynion,
fydd yn baglu ac yn syrthio.

Addolwr 2 Pe bai byddin yn gwersyllu i'm herbyn,
nid ofnai fy nghalon;
pe dôi rhyfel ar fy ngwarthaf,
eto, fe fyddwn yn hyderus.

Addolwr 1 Un peth a ofynnais gan yr ARGLWYDD,
dyma'r wyf yn ei geisio;
cael byw yn nhŷ'r ARGLWYDD
holl ddyddiau fy mywyd,
i edrych ar hawddgarwch
yr ARGLWYDD,
ac i ymofyn yn ei deml.

Addolwr 2 Oherwydd fe'm ceidw yn ei gysgod yn nydd adfyd,
a'm cuddio i mewn yn ei babell, a'm codi ar graig.

Ac yn awr, fe gyfyd fy mhen goruwch fy ngelynion
o'm hamgylch;
ac offrymaf innau yn ei deml aberthau llawn
gorfoledd;
canaf, canmolaf yr ARGLWYDD.

Addolwr 1   Gwrando arnaf, ARGLWYDD, pan lefaf;
bydd drugarog wrthyf, ac ateb fi.
Dywedodd fy nghalon amdanat,
'Ceisia ei wyneb';
am hynny ceisiaf dy wyneb, O ARGLWYDD.

Addolwr 2   Paid â chuddio dy wyneb oddi wrthyf,
na throi ymaith dy was mewn dicter,
oherwydd buost yn gymorth i mi;
paid â'm gwrthod na'm gadael,
O Dduw, fy ngwaredwr.

Pe bai fy nhad a'm mam yn cefnu arnaf,
byddai'r ARGLWYDD yn fy nerbyn.

Addolwr 1   Dysg i mi dy ffordd, O ARGLWYDD,
arwain fi ar hyd llwybr union,
oherwydd fy ngwrthwynebwyr.
Paid â'm gadael i fympwy fy ngelynion,
oherwydd cododd yn f'erbyn dystion
celwyddog sy'n bygwth trais.
Yr wyf yn sicr y caf weld daioni'r ARGLWYDD yn
nhir y rhai byw.

Addolwyr
1 a 2   Disgwyl wrth yr ARGLWYDD, bydd gryf a
gwrol dy galon
a disgwyl wrth yr ARGLWYDD.

Salm 30
Gweddi o Ddiolchgarwch

Addolwr 1 Dyrchafaf di, O ARGLWYDD, am iti fy ngwaredu, a pheidio â gadael i'm gelynion orfoleddu o'm hachos.
O ARGLWYDD fy Nuw, gwaeddais arnat, a bu iti fy iacháu.
O ARGLWYDD, dygaist fi i fyny o Sheol, a'm hadfywio o blith y rhai sy'n disgyn i'r pwll.

Addolwr 2 Canwch fawl i'r ARGLWYDD, ei ffyddloniaid,
a rhowch ddiolch i'w enw sanctaidd.
Am ennyd y mae ei ddig, ond ei ffafr am oes;
os erys dagrau gyda'r hwyr,
daw llawenydd yn y bore.

Addolwr 1 Yn fy hawddfyd fe ddywedwn,
"Ni'm symudir byth."

Yn dy ffafr, ARGLWYDD, gosodaist fi ar fynydd cadarn, ond pan guddiaist dy wyneb, brawychwyd fi. Gelwais arnat ti, ARGLWYDD, ac ymbiliais ar fy ARGLWYDD am drugaredd:

Addolwr 2 Pa les a geir o'm marw os disgynnaf i'r pwll?
A fydd y llwch yn dy foli ac yn
cyhoeddi dy wirionedd?
Gwrando, ARGLWYDD, a bydd drugarog wrthyf;
ARGLWYDD, bydd yn gynorthwywr i mi.

Yr wyt wedi troi fy ngalar yn ddawns,
wedi datod fy sachliain a'm gwisgo â llawenydd, er mwyn imi dy foliannu'n ddi-baid.
O ARGLWYDD, fy Nuw, diolchaf i ti hyd byth!

Salm 32
Cyffes a Maddeuant

Addolwr 1   Gwyn ei fyd y sawl y maddeuwyd ei drosedd,
ac y cuddiwyd ei bechod.
Gwyn ei fyd y sawl nad yw'r ARGLWYDD
yn cyfrif ei fai yn ei erbyn,
ac nad oes dichell yn ei ysbryd.

Addolwr 2   Tra oeddwn yn ymatal, yr oedd fy
esgyrn yn darfod,
a minnau'n cwyno ar hyd y dydd.
Yr oedd dy law yn drwm arnaf ddydd a nos;
sychwyd fy nerth fel gan wres haf.

Yna, bu imi gydnabod fy mhechod wrthyt,
a pheidio â chuddio fy nrygioni;
dywedais, 'Yr wyf yn cyffesu fy
mhechodau i'r ARGLWYDD';
a bu i tithau faddau euogrwydd fy
mhechod.

Addolwr 1   Am hynny fe weddïa pob un ffyddlon arnat ti
yn nydd cyfyngder;
a phan ddaw llifeiriant o ddyfroedd mawr,
ni fyddant yn cyrraedd ato ef.

Yr wyt ti'n gysgod i mi; cedwi fi rhag cyfyngder;
amgylchyni fi â chaneuon gwaredigaeth.

Yr Arglwydd Hyfforddaf di a'th ddysgu yn y ffordd a gymeri;
fe gadwaf fy ngolwg arnat.
Paid â bod fel march neu ful direswm
y mae'n rhaid wrth ffrwyn a genfa i'w dofi
cyn y dônt atat.

Addolwr 1   Daw poenau lawer i'r drygionus;
ond am y sawl sy'n ymddiried yn yr ARGLWYDD,
bydd ffyddlondeb yn ei amgylchu.

Addolwr 2   Llawenhewch yn yr ARGLWYDD, a gorfoleddwch,
rai cyfiawn;
canwch yn uchel, pob un o galon gywir.

Salm 33
Emyn o Fawl

Arweinydd Llawenhewch yn yr ARGLWYDD,
chwi rai cyfiawn;
Ymateb i'r rhai uniawn gweddus yw moliant.

Arweinydd Molwch yr ARGLWYDD â'r delyn,
Ymateb canwch salmau iddo â'r offeryn dectant;

Arweinydd canwch iddo gân newydd,
Ymateb tynnwch y tannau'n dda, rhowch floedd.

Arweinydd Oherwydd gwir yw gair yr ARGLWYDD,
Ymateb ac y mae ffyddlondeb yn ei holl weithredoedd.

Arweinydd Y mae'n caru cyfiawnder a barn;
Ymateb y mae'r ddaear yn llawn o
ffyddlondeb yr ARGLWYDD.

Arweinydd Trwy air yr ARGLWYDD y gwnaed y nefoedd,
Ymateb a'i holl lu trwy anadl ei enau.

Arweinydd Casglodd y môr fel dŵr mewn potel,
Ymateb a rhoi'r dyfnderoedd mewn ystordai.
Arweinydd Bydded i'r holl ddaear ofni'r ARGLWYDD,
Ymateb ac i holl drigolion y byd arswydo rhagddo.

Arweinydd Oherwydd llefarodd ef, ac felly y bu;
Ymateb gorchmynnodd ef, a dyna a safodd.

Arweinydd Gwna'r ARGLWYDD gyngor y cenhedloedd
yn ddim,
Ymateb a difetha gynlluniau pobloedd.

Arweinydd Ond saif cyngor yr ARGLWYDD am byth,
Ymateb a'i gynlluniau dros yr holl genedlaethau.

Arweinydd Gwyn ei byd y genedl y mae'r ARGLWYDD yn
Dduw iddi,
Ymateb y bobl a ddewisodd yn eiddo iddo'i hun.

Arweinydd Y mae'r ARGLWYDD yn edrych i lawr o'r nefoedd,
ac yn gweld pawb oll;
Ymateb o'r lle y triga y mae'n gwylio
holl drigolion y ddaear.
Arweinydd Ef sy'n llunio meddwl pob un ohonynt,
Ymateb y mae'n deall popeth a wnânt.

Arweinydd Nid gan fyddin gref y gwaredir brenin,
Ymateb ac nid â nerth mawr yr achubir rhyfelwr.

Arweinydd Ofer ymddiried mewn march am waredigaeth;
Ymateb er ei holl gryfder ni all roi ymwared.

Arweinydd Y mae llygaid yr ARGLWYDD ar y
rhai a'i hofna, ar y rhai sy'n disgwyl am ei
ffyddlondeb,
Ymateb i'w gwaredu rhag marwolaeth,
a'u cadw'n fyw ynghanol newyn.

Arweinydd Yr ydym yn disgwyl am yr ARGLWYDD;
Ymateb ef yw ein cymorth a'n tarian.

Pawb Y mae ein calon yn llawenychu ynddo
am inni ymddiried yn ei enw sanctaidd.
O ARGLWYDD, dangos dy
ffyddlondeb tuag atom,
fel yr ydym wedi gobeithio ynot.

Salm 34
Mawl i Dduw'r Gwaredwr

Arweinydd Bendithiaf yr ARGLWYDD bob amser,
bydd ei foliant yn wastad yn fy ngenau.
Yn yr ARGLWYDD yr ymhyfrydaf;
bydded i'r gostyngedig glywed a llawenychu.
Mawrygwch yr ARGLWYDD gyda mi,
a dyrchafwn ei enw gyda'n gilydd.

Addolwr 1 Ceisiais yr ARGLWYDD, ac atebodd fi
a'm gwaredu o'm holl ofnau.
Y mae'r rhai sy'n edrych arno'n gloywi,
ac ni ddaw cywilydd i'w hwynebau.
Dyma un isel a waeddodd,
a'r ARGLWYDD yn ei glywed,
ac yn ei waredu o'i holl gyfyngderau.
Gwersylla angel yr ARGLWYDD o
amgylch y rhai sy'n ei ofni, ac y mae'n eu gwaredu.

Addolwr 2 Profwch, a gwelwch mai da yw'r ARGLWYDD.
Gwyn ei fyd y sawl sy'n llochesu ynddo.
Ofnwch yr ARGLWYDD, ei saint ef,
oherwydd nid oes eisiau ar y rhai a'i hofna.
Y mae'r anffyddwyr yn dioddef angen ac yn
newynu,
ond nid yw'r rhai sy'n ceisio'r ARGLWYDD yn brin
o ddim da.

Arweinydd Dewch, blant, gwrandewch arnaf,
dysgaf ichwi ofn yr ARGLWYDD.
Pwy ohonoch sy'n dymuno bywyd
ac a garai fyw'n hir i fwynhau daioni?
Cadw dy dafod rhag drygioni
a'th wefusau rhag llefaru celwydd.

Tro oddi wrth ddrygioni a gwna dda,
cais heddwch a'i ddilyn.
Y mae llygaid yr ARGLWYDD ar y cyfiawn,
a'i glustiau'n agored i'w cri.
Y mae wyneb yr ARGLWYDD yn erbyn y rhai sy'n
gwneud drwg,
i ddileu eu coffa o'r ddaear.

Pan waedda'r cyfiawn am gymorth, fe glyw'r
ARGLWYDD a'u gwaredu o'u holl gyfyngderau.
Y mae'r ARGLWYDD yn agos at y drylliedig o
galon ac yn gwaredu'r briwedig o ysbryd.
Llawer o adfyd a gaiff y cyfiawn,
ond gwareda'r ARGLWYDD ef o'r cyfan.
Ceidw ei holl esgyrn, ac ni thorrir yr un ohonynt.
Y mae adfyd yn lladd y drygionus,
a chosbir y rhai sy'n casáu'r cyfiawn.
Y mae'r ARGLWYDD yn gwaredu ei weision,
ac ni chosbir y rhai sy'n llochesu ynddo.

Salm 42
Dyhead yr Alltud

Addolwr 1 Fel y dyhea ewig am ddyfroedd rhedegog,
felly y dyhea fy enaid amdanat ti, O Dduw.
Y mae fy enaid yn sychedu am Dduw, am y Duw byw;
pa bryd y dof ac ymddangos ger ei fron?
Bu fy nagrau'n fwyd imi ddydd a nos,
pan ofynnent imi drwy'r dydd,

Gelyn Ble mae dy Dduw?

Addolwr 2 Tywalltaf fy enaid mewn gofid wrth gofio hyn -
fel yr awn gyda thyrfa'r mawrion i dŷ Dduw
yng nghanol banllefau a moliant, torf yn cadw gŵyl.
Mor ddarostyngedig wyt, fy enaid,
ac mor gythryblus o'm mewn!
Disgwyliaf wrth Dduw; oherwydd eto moliannaf ef,
fy Ngwaredydd a'm Duw.

Addolwr 1 Y mae fy enaid yn ddarostyngedig ynof,
am hynny, meddyliaf amdanat ti
o dir yr Iorddonen a Hermon
ac o Fynydd Misar.
Geilw dyfnder ar ddyfnder
yn sŵn dy raeadrau;
y mae dy fôr a'th donnau
wedi llifo trosof.
Liw dydd y mae'r ARGLWYDD yn
gorchymyn ei ffyddlondeb,
a liw nos y mae ei gân gyda mi,
gweddi ar Dduw fy mywyd.

Addolwr 2   Dywedaf wrth Dduw, fy nghraig,
'Pam yr anghofiaist fi?
Pam y rhodiaf mewn galar,
wedi fy ngorthrymu gan y gelyn?'
Fel pe'n dryllio fy esgyrn, y mae fy
ngelynion yn fy ngwawdio ac yn dweud wrthyf
trwy'r dydd,

Gelyn   Ble mae dy Dduw?

Addolwr 2   Mor ddarostyngedig wyt, fy enaid,
ac mor gythryblus o'm mewn!

Addolwr 1   Disgwyliaf wrth Dduw; oherwydd eto
moliannaf ef, fy Ngwaredydd a'm Duw.

Salm 46
Duw'n Noddfa a Nerth

Arweinydd Y mae Duw yn noddfa ac yn nerth i ni,
Cynulleidfa yn gymorth parod mewn cyfyngder.

Arweinydd Felly, nid ofnwn er i'r ddaear symud
Cynulleidfa ac i'r mynyddoedd ddisgyn i ganol y môr,
er i'r dyfroedd ruo a therfysgu
ac i'r mynyddoedd ysgwyd gan ei ymchwydd.

Arweinydd Y mae afon â'i ffrydiau'n llawenhau dinas Duw,
Cynulleidfa preswylfa sanctaidd y Goruchaf.
Y mae Duw yn ei chanol, nid ysgogir hi;
cynorthwya Duw hi ar doriad dydd.

Arweinydd Y mae'r cenhedloedd yn terfysgu a'r teyrnasoedd
Cynulleidfa yn gwegian; pan gwyd ef ei lais, todda'r ddaear.
Y mae ARGLWYDD y Lluoedd gyda ni,
Duw Jacob yn gaer i ni.

Arweinydd Dewch i weld gweithredoedd yr ARGLWYDD,
Cynulleidfa fel y dygodd ddifrod ar y ddaear;
gwna i ryfeloedd beidio trwy'r holl ddaear,
dryllia'r bwa, tyr y waywffon,
a llosgi'r darian â thân.

Yr Arglwydd Ymlonyddwch, a deallwch mai myfi sydd Dduw,
yn ddyrchafedig ymysg y cenhedloedd,
yn ddyrchafedig ar y ddaear.

Arweinydd Y mae ARGLWYDD y Lluoedd gyda ni,
Cynulleidfa Duw Jacob yn gaer i ni.

Salm 47
Talu Gwrogaeth i Dduw

Arweinydd Curwch ddwylo, yr holl bobloedd;
Cynulleidfa rhowch wrogaeth i Dduw â chaneuon gorfoledd.

Arweinydd Oherwydd y mae'r ARGLWYDD, y Goruchaf, yn
Cynulleidfa ofnadwy, yn frenin mawr dros yr holl ddaear.

Arweinydd Fe ddarostwng bobloedd odanom,
Cynulleidfa a chenhedloedd o dan ein traed.

Arweinydd Dewisodd ein hetifeddiaeth i ni,
Cynulleidfa balchder Jacob, yr hwn a garodd.

Arweinydd Esgynnodd Duw gyda bloedd,
Cynlleidfa yr ARGLWYDD gyda sain utgorn.

Arweinydd Canwch fawl i Dduw, canwch fawl;
Cynulleidfa canwch fawl i'n brenin, canwch fawl.

Arweinydd Y mae Duw yn frenin ar yr holl ddaear;
Cynulleidfa canwch fawl yn gelfydd.

Arweinydd Y mae Duw yn frenin ar y cenhedloedd,
Cynulleidfa y mae'n eistedd ar ei orsedd sanctaidd.

Arweinydd Y mae tywysogion y bobl wedi ymgynnull
Cynulleidfa gyda phobl Duw Abraham;
oherwydd eiddo Duw yw mawrion y ddaear-
fe'i dyrchafwyd yn uchel iawn.

Salm 50
Gwir Addoliad

Addolwr   Duw y duwiau, yr ARGLWYDD, a lefarodd;
galwodd y ddaear,
o godiad haul hyd ei fachlud.
O Seion, berffaith ei phrydferthwch,
y llewyrcha Duw.
Fe ddaw ein Duw, ac ni fydd ddistaw;
bydd tân yn ysu o'i flaen,
a thymestl fawr o'i gwmpas.

Y mae'n galw ar y nefoedd uchod,
ac ar y ddaear,
er mwyn barnu ei bobl;

Duw   Casglwch ataf fy ffyddloniaid,
a wnaeth gyfamod â mi trwy aberth.

Addolwr   Bydd y nefoedd yn cyhoeddi ei gyfiawnder,
oherwydd Duw ei hun sydd farnwr.

Duw   Gwrandewch fy mhobl, a llefaraf;
dygaf dystiolaeth yn dy erbyn, O Israel;
myfi yw Duw, dy Dduw di.
Ni cheryddaf di am aberthau,
oherwydd y mae dy boethoffrymau
wastad ger fy mron.
Ni chymeraf fustach o'th dŷ,
na bychod geifr o'th gorlannau;
oherwydd eiddof fi holl fwystfilod y goedwig,
a'r gwartheg ar fil o fryniau.
Yr wyf yn adnabod holl adar yr awyr,
ac eiddof fi holl greaduriaid y maes.

Pe bawn yn newynu, ni ddywedwn wrthyt ti,
oherwydd eiddof fi'r byd a'r hyn sydd ynddo.
A fwytâf fi gig eich teirw,
neu yfed gwaed eich bychod geifr?
Rhowch i Dduw offrymau diolch,
a thalwch eich addunedau i'r Goruchaf.
Os gelwi arnaf yn nydd cyfyngder
fe'th waredaf, a byddi'n fy anrhydeddu.

Addolwr   Ond wrth y drygionus fe ddywed Duw,

Duw   Pa hawl sydd gennyt i adrodd fy neddfau,
ac i gymryd fy nghyfamod ar dy wefusau?
Yr wyt yn casáu disgyblaeth
ac yn bwrw fy ngeiriau o'th ôl.
Os gweli leidr, fe ei i'w ganlyn
a bwrw dy goel gyda godinebwyr.

Y mae dy enau'n ymollwng i ddrygioni,
a'th dafod yn nyddu twyll.
Yr wyt yn parhau i dystio yn erbyn dy frawd,
ac yn enllibio mab dy fam.
Gwnaethost y pethau hyn, bûm innau ddistaw;
Tybiaist dithau fy mod fel ti dy hun,
ond ceryddaf di, a dwyn achos yn dy erbyn.

Ystyriwch hyn, chwi sy'n anghofio Duw,
rhag imi eich darnio heb neb i arbed.
Y sawl sy'n cyflwyno aberth diolch sy'n fy
anrhydeddu,
ac i'r sawl sy'n dilyn fy ffordd
y dangosaf iawchawdwriaeth Duw.

Salm 51
Gweddi am faddeuant

Addolwr 1   Bydd drugarog wrthyf, O Dduw,
yn ôl dy ffyddlondeb;
yn ôl dy fawr dosturi dilea fy nhroseddau;
golch fi'n lân o'm drygioni,
a glanha fi o'm pechod.

Addolwr 2   Oherwydd gwn am fy nhroseddau,
ac y mae fy mhechod yn wastad gyda mi.
Yn dy erbyn di, ti yn unig, y pechais
a gwneud yr hyn a ystyri'n ddrwg,
fel dy fod yn gyfiawn yn dy ddedfryd,
ac yn gywir yn dy farn.
Wele, mewn drygioni y'm ganwyd,
ac mewn pechod y beichiogodd fy mam.

Addolwr 1   Wele, yr wyt yn dymuno gwirionedd oddi mewn;
felly dysg imi ddoethineb yn y galon.
Pura fi ag isop fel y byddwyf lân;
golch fi fel y byddaf yn wynnach nag eira.
Pâr imi glywed gorfoledd a llawenydd,
fel y bo i'r esgyrn a ddrylliaist lawenhau.
Cuddia dy wyneb oddi wrth fy mhechodau,
a dilea fy holl euogrwydd.

Addolwr 2   Crea galon lân ynof, O Dduw,
rho ysbryd newydd cadarn ynof.
Paid â'm bwrw ymaith oddi wrthyt,
na chymryd dy ysbryd sanctaidd oddi arnaf.
Dyro i mi eto orfoledd dy iachawdwriaeth,
a chynysgaedda fi ag ysbryd ufudd.

Addolwr 1   Dysgaf dy ffyrdd i droseddwyr,

fel y dychwelo'r pechaduriaid atat.
Gwared fi rhag gwaed, O Dduw,
Duw fy iachawdwriaeth,
ac fe gân fy nhafod am dy gyfiawnder.
Arglwydd, agor fy ngwefusau,
a bydd fy ngenau yn mynegi dy foliant.

Addolwr 2   Oherwydd nid wyt yn ymhyfrydu mewn aberth;
pe dygwn boethoffrymau, ni fyddit fodlon.
Aberthau Duw yw ysbryd drylliedig;
calon ddrylliedig a churiedig,
ni ddirmygi, O Dduw.

Addolwr 1   Gwna ddaioni i Seion yn dy ras;
adeilada furiau Jerwsalem.

Addolwr 2   Yna fe ymhyfrydi mewn aberthau cywir-
poethoffrwm ac aberth llosg-
yna fe aberthir bustych ar dy allor.

Salm 52
Barn a Gras Duw

Athro   O ŵr grymus, pam yr ymffrosti yn dy ddrygioni
yn erbyn y duwiol yr holl amser?
Yr wyt yn cynllwyn distryw;
y mae dy dafod fel ellyn miniog,
ti dwyllwr.
Yr wyt yn caru drygioni'n fwy na daioni,
a chelwydd yn fwy na dweud y gwir.

Yr wyt yn caru pob gair difaol
ac iaith dwyllodrus.
Bydd Duw'n dy dynnu i lawr am byth,
bydd yn dy gipio ac yn dy dynnu o'th babell,
ac yn dy ddadwreiddio o dir y rhai byw.
Bydd y cyfiawn yn gweld ac yn ofni,
ac yn chwerthin am ei ben a dweud,

Y Cyfiawn   Dyma'r un na wnaeth Dduw yn noddfa,
ond a ymddiriedodd yn nigonedd ei drysorau,
a cheisio noddfa yn eu gyfoeth ei hun.

Addolwr   Ond yr wyf fi fel olewydden iraidd yn nhŷ Dduw;
ymddiriedaf yn ffyddlondeb Duw
byth bythoedd.

Diolchaf iti hyd byth am yr hyn a wnaethost;
cyhoeddaf dy enw - oherwydd da yw - ymysg dy
ffyddloniaid.

Salm 53
Drygioni ac Anwybodaeth

Athro Dywed yr ynfyd yn ei galon;

Ffŵl Nid oes Duw.

Athro Gwnânt weithredoedd llygredig a ffiaidd;
nid oes un a wna ddaioni.
Edrychodd yr ARGLWYDD o'r nefoedd ar
ddynolryw,
i weld a oes rhywun yn gwneud yn ddoeth,
ac yn ceisio Duw.
Ond y mae pawb ar gyfeiliorn,
ac mor llygredig â'i gilydd;
nid oes un a wna ddaioni,
nac oes, dim un.

Oni ddarostyngir y gwneuthurwyr drygioni,
sy'n llyncu fy mhobl fel llyncu bwyd,
ac sydd heb alw ar yr ARGLWYDD?
Yno y byddant mewn dychryn mawr,
dychryn na fu ei debyg.
Y mae Duw yn gwasgaru esgyrn yr annuwiol;
daw cywilydd arnynt am i Dduw eu gwrthod.

Addolwr O na ddôi gwaredigaeth i Israel o Seion!
Pan adfer yr ARGLWYDD lwyddiant i'w bobl,
fe lawenha Jacob, fe orfoledda Israel

Salm 64
Clyw fy llais, o Dduw

Addolwr 1   Clyw fy llais, O Dduw, wrth imi gwyno;

Addolwr 2   achub fy mywyd rhag arswyd y gelyn,

Addolwr 1   cuddia fi rhag cynllwyn y drygionus a rhag
dichell gwneuthurwyr drygioni -

Addolwr 2   rhai sy'n hogi eu tafod fel cleddyf, ac yn
anelu eu geiriau chwerw fel saethau,
i saethu'r dieuog o'r dirgel,
i saethu'n sydyn a di-ofn.

Addolwr 1   Y maent yn glynu wrth eu bwriad drwg,
ac yn sôn am osod maglau o'r golwg, a dweud,

Y Drygionus   Pwy all ein gweld?

Addolwr 1   Y maent yn dyfeisio, ac yn cuddio'u dyfeisiadau;
y mae'r galon a'r meddwl dynol yn ddwfn!

Addolwr 2   Ond bydd Duw'n eu saethu â'i saeth;
yn sydyn y daw eu cwymp.
Bydd yn eu dymchwel oherwydd eu tafod,
a bydd pawb sy'n eu gweld yn ysgwyd eu pennau.

Addolwr 1   Daw ofn ar bawb,
a byddant yn adrodd am waith Duw,
ac yn deall yr hyn a wnaeth.

**Addolwyr
1 a 2**   Bydded i'r cyfiawn lawenhau yn yr
ARGLWYDD,
a llochesu ynddo,
a bydded i'r holl rai uniawn orfoleddu.

Salm 65
Diolchgarwch am y Cynhaeaf

Arweinydd Mawl sy'n ddyledus i ti, O Dduw, yn Seion;
Ymateb ac i ti, sy'n gwrando gweddi, y telir adduned.

Arweinydd Atat ti y daw pob un â'i gyffes o bechod:
Ymateb Y mae ein troseddau'n drech na ni,
ond yr wyt ti'n eu maddau.

Arweinydd Gwyn ei fyd y sawl a ddewisi ac a ddygi'n agos,
Ymateb iddo gael preswylio yn dy gynteddau;
digoner ninnau â daioni dy dŷ,
dy deml sanctaidd.

Arweinydd Mewn gweithredoedd ofnadwy yr atebi ni â
Ymateb buddugoliaeth;
O Dduw ein hiachawdwriaeth;
ynot yr ymddiried holl gyrion y ddaear, a
phellafoedd y môr;
Arweinydd gosodi'r mynyddoedd yn eu lle â'th nerth,
Ymateb yr wyt wedi dy wregysu â chryfder;
yr wyt yn tawelu rhu'r moroedd,
rhu eu tonnau,
a therfysg pobloedd.

Arweinydd Y mae trigolion cyrion y byd
Ymateb yn ofni dy arwyddion;
gwnei i diroedd bore a hwyr lawenhau.

Arweinydd Rwyt yn gofalu am y ddaear ac yn ei dyfrhau,
Ymateb gwnaethost hi'n doreithiog iawn;
y mae afon Duw'n llawn o ddŵr;
darperaist iddynt ŷd.

43

Arweinydd Fel hyn yr wyt yn trefnu ar ei chyfer:
Ymateb dyfrhau ei rhychau, gwastatáu ei chefnau,
ei mwydo â chawodydd a bendithio'i chnwd.

Arweinydd Yr wyt yn coroni'r flwyddyn â'th ddaioni,
Ymateb ac y mae dy lwybrau'n diferu gan fraster.

Arweinydd Y mae porfeydd yr anialdir yn diferu,
Ymateb a'r bryniau wedi eu gwregysu â llawenydd;
y mae'r dolydd wedi eu gwisgo â defaid,
a'r dyffrynnoedd wedi eu gorchuddio ag ŷd.
Y maent yn bloeddio ac yn gorfoleddu.

Salm 66
Mawl a diolchgarwch

Arweinydd   Bloeddiwch mewn gorfoledd i
Dduw, yr holl ddaear;
canwch i ogoniant ei enw;
rhowch iddo foliant gogoneddus.
Dywedwch wrth Dduw,

Addolwr 1   Mor ofnadwy yw dy weithredoedd!
Gan faint dy nerth ymgreinia dy
elynion o'th flaen;
y mae'r holl ddaear yn ymgrymu o'th flaen,
ac yn canu mawl i ti,
yn canu mawl i'th enw.

Arweinydd   Dewch i weld yr hyn a wnaeth Duw-
y mae'n ofnadwy yn ei weithredoedd
tuag at bobl-
trodd y môr yn sychdir,
aethant ar droed trwy'r afon;
yno y llawenychwn ynddo.
Y mae ef yn llywodraethu â'i nerth am byth,
a'i lygaid yn gwylio dros y cenhedloedd;
na fydded i'r gwrthryfelwyr godi yn ei erbyn!
Bendithiwch ein Duw, O bobloedd,
a seiniwch ei fawl yn glywadwy.
Ef a roes le i ni ymysg y byw,
ac ni adawodd i'n troed lithro.

Addolwr 2   Oherwydd buost yn ein profi, O Dduw,
ac yn ein coethi fel arian.
Dygaist ni i'r rhwyd,
rhoist rwymau amdanom,
a gadewaist i ddynion farchogaeth

45

dros ein pennau,
aethom trwy dân a dyfroedd;
ond dygaist ni allan i ryddid.

Addolwr 3   Dof i'th deml â phoethoffrymau,
talaf i ti fy addunedau,
a wneuthum â'm gwefusau
ac a lefarodd fy ngenau pan oedd yn
gyfyng arnaf.
Aberthaf i ti basgedigion yn boethoffrymau,
a hefyd hyrddod yn arogldarth;
darparaf ychen a bychod geifr.

Addolwr 1   Dewch i wrando, chwi oll sy'n ofni Duw,
ac adroddaf yr hyn a wnaeth Duw i mi.
Gwaeddais arno â'm genau,
ac yr oedd moliant ar fy nhafod.
Pe bawn wedi coleddu drygioni yn fy nghalon,
ni fuasai'r ARGLWYDD wedi gwrando;
ond yn wir, gwrandawodd Duw,
a rhoes sylw i lef fy ngweddi.
Bendigedig fydd Duw
am na throdd fy ngweddi oddi wrtho,
na'i ffyddlondeb oddi wrthyf.

Salm 67
Cân o Ddiolchgarwch

Arweinydd Bydded Duw yn drugarog wrthym a'n bendithio,

Ymateb bydded llewyrch ei wyneb arnom,

Arweinydd er mwyn i'w ffyrdd fod yn wybyddus ar y ddaear,

Ymateb a'i waredigaeth ymysg yr holl genhedloedd.

Arweinydd Bydded i'r bobloedd dy foli, O Dduw,

Ymateb bydded i'r holl bobloedd dy foli di.

Arweinydd Bydded i'r cenhedloedd lawenhau a gorfoleddu,

Ymateb oherwydd yr wyt ti'n barnu pobloedd yn gywir,
ac yn arwain cenhedloedd ar y ddaear.

Arweinydd Bydded i'r bobloedd dy foli, O Dduw,

Ymateb bydded i'r holl bobloedd dy foli di.

Arweinydd Rhoes y ddaear ei chnwd;

Ymateb Duw, ein Duw ni, a'n bendithiodd.
Bendithiodd Duw ni;
bydded holl gyrrau'r ddaear ei ofni.

Salm 71
Gweddi Person Hŷn

Person 1   Ynot ti, ARGLWYDD, y ceisiais loches;
na fydded cywilydd arnaf byth.

Person 2   Yn dy gyfiawnder gwared ac achub fi,
tro dy glust ataf ac arbed fi.

Person 3   Bydd yn graig noddfa i mi,
yn amddiffynfa i'm cadw,
oherwydd ti yw fy nghraig a'm hamddiffynfa.

Person 1   O fy Nuw, gwared fi o law'r drygionus,
o afael yr anghyfiawn a'r creulon.
Oherwydd ti, Arglwydd, yw fy ngobaith,
fy ymddiriedaeth o'm hieuenctid, O ARGLWYDD.
Arnat ti y bûm yn pwyso o'm genedigaeth;
ti a'm tynnodd allan o groth fy mam.
Amdanat ti y bydd fy mawl yn wastad.

Person 2   Bûm fel pe'n rhybudd i lawer;
ond ti yw fy noddfa gadarn.
Y mae fy ngenau'n llawn o'th foliant
ac o'th ogoniant bob amser.
Paid â'm bwrw ymaith yn amser henaint;
paid â'm gadael pan fydd fy nerth yn pallu.
Oherwydd y mae fy ngelynion yn siarad amdanaf,
a'r rhai sy'n gwylio am fy einioes yn trafod gyda'i
gilydd ac yn dweud,

Gelyn   Y mae Duw wedi ei adael;
ewch ar ei ôl a'i ddal, oherwydd
nid oes gwaredydd.

Person 3 O Dduw, paid â phellhau oddi wrthyf;
O fy Nuw, brysia i'm cynorthwyo.
Doed cywilydd a gwarth ar fy ngwrthwynebwyr,
a gwaradwydd yn orchudd dros y rhai
sy'n ceisio fy nrygu.
Ond byddaf fi'n disgwyl yn wastad,
ac yn dy foli'n fwy ac yn fwy.
Bydd fy ngenau'n mynegi dy gyfiawnder
a'th weithredoedd achubol trwy'r amser,
oherwydd ni wn eu nifer.
Dechreuaf gyda'r gweithredoedd
grymus, O ARGLWYDD Dduw;
soniaf am dy gyfiawnder di yn unig.

Person 1 O Dduw, dysgaist fi o'm hieuenctid,
ac yr wyf yn dal i gyhoeddi dy ryfeddodau;
a hyd yn oed pan wyf yn hen a phenwyn,
O Dduw, paid a'm gadael,
nes imi fynegi dy rym
i'r cenedlaethau sy'n codi.

Person 2 Y mae dy gryfder a'th gyfiawnder, O Dduw,
yn cyrraedd i'r uchelder,
oherwydd iti wneud pethau mawr.
O Dduw, pwy sydd fel tydi?
Ti, a wnaeth imi weld cyfyngderau mawr a chwerw,
fydd yn fy adfywio drachefn;
ac o ddyfnderau'r ddaear
fe'm dygi i fyny unwaith eto.
Byddi'n ychwanegu at fy anrhydedd,
ac yn troi i'm cysuro.

Person 3 Byddaf finnau'n dy foliannu â'r nabl
am dy ffyddlondeb, O fy Nuw;
byddaf yn canu i ti â'r delyn,

O Sanct Israel.
Bydd fy ngwefusau'n gweiddi'n llawen -
oherwydd canaf i ti -
a hefyd yr enaid a waredaist.
Bydd fy nhafod beunydd
yn sôn am dy gyfiawnder;
oherwydd daeth cywilydd a gwaradwydd
ar y rhai a fu'n ceisio fy nrygu.

Salm 77
Duw yn gysur

Addolwr 1   Gwaeddais yn uchel ar Dduw,
yn uchel ar Dduw, a chlywodd fi.
Yn nydd fy nghyfyngder ceisiais yr ARGLWYDD,
ac yn y nos estyn fy nwylo'n ddiflino;
nid oedd cysuro ar fy enaid.
Pan feddyliaf am Dduw, yr wyf yn cwyno:
pan fyfyriaf, fe balla f'ysbryd.

Addolwr 2   Cedwaist fy llygaid rhag cau;
fe'm syfrdanwyd, ac ni allaf siarad.
Af yn ôl i'r dyddiau gynt
a chofio am y blynyddoedd a fu;
meddyliaf ynof fy hun yn y nos,
myfyriaf, a'm holi fy hunan,

Addolwr 3   "A wrthyd yr ARGLWYDD am byth,
a pheidio â gwneud ffafr mwyach?
A yw ei ffyddlondeb wedi darfod yn llwyr,
a'i addewid wedi ei hatal am genedlaethau?
A yw Duw wedi anghofio trugarhau?
A yw yn ei lid wedi cloi ei dosturi?"

Addolwr 2   Yna dywedais, "Hyn yw fy ngofid:
A yw deheulaw'r Goruchaf wedi pallu."

Galwaf i gof weithredoedd yr ARGLWYDD,
a chofio am dy ryfeddodau gynt.
Meddyliaf am dy holl waith,
a myfyriaf am dy weithredoedd.

O Dduw, sanctaidd yw dy ffordd;
pa Dduw sydd fawr fel ein Duw ni?

Ti yw'r Duw sy'n gwneud pethau rhyfeddol;
dangosaist dy rym ymhlith y bobloedd.
Â'th fraich gwaredaist dy bobl,
meibion Jacob a Joseff.

Addolwr 3 Gwelodd y dyfroedd di, O Dduw,
gwelodd y dyfroedd di ac arswydo;
yn wir, yr oedd y dyfnder yn crynu.

Addolwr 1 Tywalltodd y cymylau ddŵr,
ac yr oedd y ffurfafen yn taranu;
fflachiodd dy saethau ar bob llaw.

Addolwr 2 Yr oedd sŵn dy daranau yn y corwynt,
goleuodd dy fellt y byd;
ysgydwodd y ddaear a chrynu.

Addolwr 3 Aeth dy ffordd drwy'r môr,
a'th lwybr trwy ddyfroedd nerthol;
ond nid welwyd ôl dy gamau.
Arweiniaist dy bobl fel praidd,
trwy law Moses ac Aaron.

Salm 81
Canu mawl i Dduw

Addolwr   Canwch fawl i Dduw, ein nerth,
bloeddiwch mewn gorfoledd i Dduw Jacob.
Rhowch gân a chanu'r tympan,
y delyn fwyn a'r dectant.
Canwch utgorn ar y lleuad newydd,
ar y lleuad lawn, ar ddydd ein gŵyl.
Oherwydd y mae hyn yn ddeddf yn Israel,
yn rheol gan Dduw Jacob,
wedi ei roi'n orchymyn i Joseff
pan ddaeth allan o wlad yr Aifft.

Duw   Clywaf iaith nad wyf yn ei hadnabod.
Ysgafnheais y baich ar dy ysgwydd,
a rhyddhau dy ddwylo oddi wrth y basgedi.
Pan waeddaist mewn cyfyngder,
gwaredais di,
ac atebais di yn ddirgel yn y taranau;
profais di wrth ddyfroedd Meriba.

Gwrando, fy mhobl, a dygaf dystiolaeth yn
dy erbyn.
O na fyddit yn gwrando arnaf fi, Israel!
Na fydded gennyt dduw estron,
a phaid ag ymostwng i dduw dieithr.
Myfi yw'r ARGLWYDD dy Dduw,
a'th ddygodd i fyny o'r Aifft;
agor dy geg, ac fe'i llenwaf.
Ond ni wrandawodd fy mhobl ar fy llais,
ac nid oedd Israel yn fodlon arnaf;
felly anfonais hwy ymaith yn eu cyndynrwydd
i wneud fel yr oeddent yn dymuno.

"O na fyddai fy mhobl yn gwrando arnaf,
ac na fyddai Israel yn rhodio yn fy ffyrdd!
Byddwn ar fyrder yn darostwng eu gelynion,
ac yn troi fy llaw yn erbyn eu gwrthwynebwyr."

Addolwr   Byddai'r rhai sy'n casáu'r ARGLWYDD
yn ymgreinio o'i flaen,
a dyna eu tynged am byth.
Byddwn yn dy fwydo â'r ŷd gorau,
ac yn dy ddigoni â mêl o'r graig.

Salm 84
Dyhead am Fod yn Nhŷ Dduw

Addolwr 1 Mor brydferth yw dy breswylfod,
O ARGLWYDD y Lluoedd.

Addolwr 2 Yr wyf yn hiraethu, yn dyheu hyd at lewyg
am gynteddau'r ARGLWYDD; y mae'r cyfan ohonof
yn gweiddi'n llawen ar y Duw byw.

Addolwr 1 Cafodd hyd yn oed aderyn y to gartref,
a'r wennol nyth iddi ei hun,

Addolwr 2 lle mae'n magu ei chywion, wrth dy allorau di,
O ARGLWYDD y Lluoedd, fy mrenin a'm Duw.

Addolwr 1 Gwyn eu byd y rhai sy'n trigo yn dy dŷ,
yn canu mawl i ti'n wastadol.

Addolwr 2 Gwyn eu byd y rhai yr wyt ti'n noddfa iddynt,
a ffordd y pererinion yn eu calon.

Addolwr 1 Wrth iddynt fynd trwy ddyffryn Baca,
fe'i cânt yn ffynnon;

Addolwr 2 bydd y glaw cynnar yn ei orchuddio â bendith.

Addolwr 1 Ânt o nerth i nerth, a bydd Duw y duwiau yn
ymddangos yn Seion.

Addolwr 2 O ARGLWYDD Dduw'r Lluoedd, clyw fy ngweddi;
gwrando arnaf, O Dduw Jacob.

Addolwr 1 Edrych ar ein tarian, O Dduw;
rho ffarf i'th eneiniog.

Addolwr 2   Gwell yw diwrnod yn dy gynteddau di na mil
gartref;

Addolwr 1   gwell sefyll wrth y drws yn nhŷ fy Nuw
na thrigo ym mhebyll drygioni.

Addolwr 2   Oherwydd haul a tharian yw'r ARGLWYDD Dduw;
rhydd ras ac anrhydedd.

Addolwr 1   Nid atal yr ARGLWYDD unrhyw ddaioni oddi
wrth y rhai sy'n rhodio'n gywir.

Addolwr 2   O ARGLWYDD y Lluoedd,
gwyn ei fyd y dyn sy'n ymddiried ynot.

Salm 90
Sofraniaeth Duw

Addolwr 1 Arglwydd, buost yn amddiffynfa i ni ymhob
cenhedlaeth.
Cyn geni'r mynyddoedd,
a chyn esgor ar y ddaear a'r byd,
o dragwyddoldeb hyd dragwyddoldeb,
ti sydd Dduw.

Addolwr 2 Yr wyt yn troi pobl yn ôl i'r llwch, ac yn dweud,

Duw Trowch yn ôl, chwi feidrolion.

Addolwr 2 Oherwydd y mae mil o flynyddoedd yn dy olwg
fel ddoe sydd wedi mynd heibio,
ac fel gwyliadwriaeth yn y nos.

Addolwr 1 Yr wyt yn eu sgubo ymaith fel breuddwyd;
y maent fel gwellt yn adfywio yn y bore-
yn tyfu ac yn adfywio yn y bore,
ond erbyn yr hwyr yn gwywo ac yn crino.
Oherwydd yr ydym ni yn darfod gan dy ddig,
ac wedi'n brawychu gan dy gynddaredd.

Addolwr 2 Gosodaist ein camweddau o'th flaen,
ein pechodau dirgel yng ngoleuni dy wyneb.
Y mae'n holl ddyddiau'n mynd heibio dan dy ddig,
a'n blynyddoedd yn darfod fel ochenaid.
Deng mlynedd a thrigain yw blynyddoedd ein
heinioes, neu efallai bedwar ugain trwy gryfder,
ond y mae eu hyd yn faich a blinder;
ânt heibio yn fuan, ac ehedwn ymaith

Addolwr 1 Pwy sy'n gwybod grym dy ddicter,
a'th ddigofaint, fel y rhai sy'n dy ofni?
Felly dysg ni i gyfrif ein dyddiau,
inni gael calon ddoeth.
Dychwel, O ARGLWYDD. Am ba hyd?
Trugarha wrth dy weision.
Digona ni yn y bore â'th gariad,
inni gael gorfoleddu a llawenhau ein holl ddyddiau.

Rho inni lawenydd gynifer o ddyddiau ag y blinaist
ni, gynifer o flynyddoedd ag y gwelsom ddrygfyd.

Addolwr 2 Bydded dy weithredoedd yn amlwg i'th weision,
a'th ogononiant i'w plant.

Bydded trugaredd yr Arglwydd ein Duw arnom;
llwydda waith ein dwylo inni,
llwydda waith ein dwylo.

Salm 95
Galwad i addoli

Arweinydd   Dewch, canwn yn llawen i'r ARGLWYDD,

Ymateb   rhown floedd o orfoledd i graig ein hiachawdwriaeth.

Arweinydd   Down i'w bresenoldeb â diolch,

Ymateb   gorfoleddwn ynddo â chaneuon mawl.

Arweinydd   Oherwydd Duw mawr yw'r ARGLWYDD,

Ymateb   a brenin mawr goruwch yr holl dduwiau.

Arweinydd   Yn ei law ef y mae dyfnderau'r ddaear,
Ymateb   ac eiddo ef yw uchelderau'r mynyddoedd.

Arweinydd   Eiddo ef yw'r môr, ac ef a'i gwnaeth;

Ymateb   ei ddwylo ef a greodd y sychdir.

Arweinydd   Dewch, addolwn ac ymgrymwn,

Ymateb   plygwn ein gliniau gerbron yr ARGLWYDD a'n gwnaeth.

Arweinydd   Oherwydd ef yw ein Duw,

Ymateb   a ninnau'n bobl iddo a defaid ei borfa;

Arweinydd   heddiw cewch wybod ei rym,
os gwrandewch ar ei lais.

Duw   Peidiwch â chaledu'ch calonnau, fel yn Meriba,
fel ar ddiwrnod Massa yn yr anialwch,
pan fu i'ch hynafiaid fy herio,
a'm profi, er iddynt weld fy ngwaith.

Am ddeugain mlynedd y ffieiddias y genhedlaeth
honno, a dweud,
"Pobl â'u calonnau'n cyfeiliorni ydynt,
ac nid ydynt yn gwybod fy ffyrdd."
Felly tyngais yn fy nig
na chaent ddyfod i'm gorffwysfa.

Salm 96
Yr Arglwydd, ef sydd Frenin

Arweinydd Canwch i'r ARGLWYDD gân newydd,
Ymateb canwch i'r ARGLWYDD yr holl ddaear.

Arweinydd Canwch i'r ARGLWYDD, bendithiwch ei enw,
Ymateb cyhoeddwch ei iachawdwriaeth o ddydd i ddydd.

Arweinydd Dywedwch am ei ogoniant ymysg y bobloedd,
Ymateb ac am ei ryfeddodau ymysg yr holl genhedloedd.

Arweinydd Oherwydd mawr yw'r ARGLWYDD, a theilwng
Ymateb iawn o fawl, y mae i'w ofni'n fwy na'r holl dduwiau.

Arweinydd Eilunod yw holl dduwiau'r bobloedd,
Ymateb ond yr ARGLWYDD a wnaeth y nefoedd.

Arweinydd Y mae anrhydedd a mawredd o'i flaen,
Ymateb nerth a gogoniant yn ei gysegr.

Arweinydd Rhowch i'r ARGLWYDD, dylwythau'r cenhedloedd,
Ymateb rhowch i'r ARGLWYDD anrhydedd a nerth;

Arweinydd rhowch i'r ARGLWYDD anrhydedd ei enw,
Ymateb dygwch offrwm a dewch i'w gynteddoedd.

Arweinydd Ymgrymwch i'r ARGLWYDD yn ysblander ei
sancteiddrwydd;
Ymateb crynwch o'i flaen, yr holl ddaear.

Arweinydd Dywedwch ymhlith y cenhedloedd,
Ymateb "Y mae'r ARGLWYDD yn frenin;"

Arweinydd yn wir y mae'r byd yn sicr ac nis symudir;

Ymateb   bydd ef yn barnu'r bobloedd yn uniawn.

Arweinydd Bydded y nefoedd yn llawen a gorfoledded y
                ddaear;
Ymateb   rhued y môr a'r cyfan sydd ynddo,
                llawenyched y maes a phopeth sydd ynddo.

Arweinydd Yna bydd holl brennau'r goedwig yn canu'n llawen
                o flaen yr ARGLWYDD,
Ymateb   oherwydd y mae'n dod, oherwydd y mae'n dod i
                farnu'r ddaear.

                Bydd yn barnu'r byd â chyfiawnder,
                a'r bobloedd â'i wirionedd.

Salm 97
Yr Arglwydd, ef sy'n teyrnasu

Arweinydd Y mae'r ARGLWYDD yn frenin;
Ymateb gorfoledded y ddaear,
bydded ynysoedd lawer yn llawen.

Arweinydd Y mae cymylau a thywyllwch o'i amgylch,
Ymateb cyfiawnder a barn yn sylfaen i'w orsedd.

Arweinydd Y mae tân yn mynd o'i flaen,
Ymateb ac yn llosgi ei elynion oddi amgylch.

Arweinydd Y mae ei fellt yn goleuo'r byd,
Ymateb a'r ddaear yn gweld ac yn crynu.

Arweinydd Y mae'r mynyddoedd yn toddi fel cwyr o flaen yr
ARGLWYDD,
Ymateb o flaen ARGLWYDD yr holl ddaear.

Arweinydd Y mae'r nefoedd yn cyhoeddi ei gyfiawnder,
Ymateb a'r holl bobloedd yn gweld ei ogoniant.

Arweinydd Bydded cywilydd ar yr holl addolwyr delwau,
sy'n ymfrostio mewn eilunod;
Ymateb ymgrymwch iddo ef, yr holl dduwiau.

Arweinydd Clywodd Seion a llawenhau,
Ymateb ac yr oedd trefi Jwda yn gorfoleddu
o achos dy farnedigaethau, O ARGLWYDD.

Arweinydd Oherwydd yr wyt ti, ARGLWYDD, yn oruchaf dros
yr holl ddaear;
Ymateb yr wyt wedi dy ddyrchafu'n uwch o lawer na'r holl
dduwiau.

Arweinydd   Y mae'r ARGLWYDD yn caru'r rhai sy'n casáu
drygioni,
Ymateb   y mae'n cadw bywydau ei ffyddloniaid,
ac yn eu gwaredu o ddwylo'r drygionus.

Arweinydd   Heuwyd goleuni yn llewyrchu ar y cyfiawn,
Ymateb   a llawenydd ar yr uniawn o galon.
Llawenhewch yn yr ARGLWYDD, rai cyfiawn,
a moliannwch ei enw sanctaidd.

Salm 98
Canwch gân newydd

Arweinydd	Canwch i'r ARGLWYDD gân newydd, oherwydd gwnaeth ryfeddodau.
Ymateb	Cafodd fuddugoliaeth â'i ddeheulaw, ac â'i fraich sanctaidd.
Arweinydd	Gwnaeth yr ARGLWYDD ei fuddugoliaeth yn hysbys,
Ymateb	datguddiodd ei gyfiawnder o flaen y cenhedloedd.
Arweinydd	Cofiodd ei gariad a'i ffyddlondeb tuag at dŷ Israel;
Ymateb	gwelodd holl gyrrau'r ddaear fuddugoliaeth ein Duw.
Arweinydd	Bloeddiwch mewn gorfoledd i'r ARGLWYDD, yr holl ddaear,
Ymateb	canwch mewn llawenydd a rhowch fawl.
Arweinydd	Canwch fawl i'r ARGLWYDD â'r delyn, â'r delyn ac â sain cân.
Ymateb	Â thrwmpedau ac â sain utgorn, bloeddiwch o flaen y brenin, yr ARGLWYDD.
Arweinydd	Rhued y môr a'r cyfan sydd ynddo,
Ymateb	y byd a phawb sydd byw ynddo.
Arweinydd	Bydded i'r dyfroedd guro dwylo; bydded i'r mynyddoedd ganu'n llawen gyda'i gilydd o flaen yr ARGLWYDD,
Ymateb	oherwydd y mae'n dod i farnu'r ddaear; bydd yn barnu'r byd â chyfiawnder, a'r bobloedd ag uniondeb.

Salm 99
Duw yn Frenin

Arweinydd Y mae'r ARGLWYDD yn frenin, cryna'r bobloedd;
Ymateb y mae wedi ei orseddu uwch y cerwbiaid,
ysgydwa'r ddaear.

Arweinydd Y mae'r ARGLWYDD yn fawr yn Seion,
Ymateb y mae'n ddyrchafedig uwch yr holl bobloedd.

Pawb Bydded iddynt foli dy enw mawr ac ofnadwy-
sanctaidd yw ef.

Arweinydd Un cryf sydd frenin; y mae'n caru cyfiawnder.
Ymateb Ti sydd wedi sefydlu uniondeb;
gwnaethost farn a chyfiawnder yn Jacob.

Arweinydd Dyrchafwch yr ARGLWYDD ein Duw;
Ymateb ymgrymwch o flaen ei droedfainc -
sanctaidd yw ef.

Arweinydd Yr oedd Moses ac Aaron ymhlith ei offeiriaid,
a Samuel ymhlith y rhai a alwodd ar ei enw;
Ymateb galwasant ar yr ARGLWYDD, ac atebodd hwy.

Arweinydd Llefarodd wrthynt mewn colofn gwmwl;
Ymateb cadwasant ei dystiolaethau a'r ddeddf a roddodd
iddynt.

Arweinydd O ARGLWYDD, ein Duw, atebaist hwy;
Ymateb Duw yn maddau fuost iddynt,
ond yn dial eu camweddau.

Pawb Dyrchafwch yr ARGLWYDD ein Duw,
ymgrymwch yn ei fynydd sanctaidd -
sanctaidd yw'r ARGLWYDD ein Duw.

Salm 100
Salm o Fawl a Diolch

Arweinydd Bloeddiwch mewn gorfoledd i'r ARGLWYDD, yr holl ddaear.
Ymateb Addolwch yr ARGLWYDD mewn llawenydd, deuwch o'i flaen â chân.

Arweinydd Gwybyddwch mai'r ARGLWYDD sydd Dduw;
Ymateb ef a'n gwnaeth, a'i eiddo ef ydym, ei bobl a defaid ei borfa.

Arweinydd Dewch i mewn i'w byrth â diolch, ac i'w gynteddau â mawl.
Ymateb Diolchwch iddo, bendithiwch ei enw.

Arweinydd Oherwydd da yw'r ARGLWYDD;
Ymateb y mae ei gariad hyd byth, a'i ffyddlondeb hyd genhedlaeth a chenhedlaeth.

Salm 103
Diolch am Roddion Duw

Addolwr 1   Fy enaid, bendithia'r ARGLWYDD,
a'r cyfan sydd ynof ei enw sanctaidd.

Addolwr 2   Fy enaid, bendithia'r ARGLWYDD,
a phaid ag anghofio'i holl ddoniau:

Addolwr 3   ef sy'n maddau fy holl gamweddau,
yn iacháu fy holl afiechyd;

Addolwr 4   ef sy'n gwaredu fy mywyd o'r pwll,
ac yn fy nghoroni â chariad a thrugaredd;

Addolwr 1   ef sy'n fy nigoni â daioni dros fy holl ddyddiau
i adnewyddu fy ieuenctid fel eryr.

Addolwr 3   Y mae'r ARGLWYDD yn gweithredu cyfiawnder a
barn i'r holl rai gorthrymedig.

Addolwr 4   Dysgodd ei ffyrdd i Moses,
a'i weithredoedd i blant Israel.

Addolwr 2   Trugarog a graslon yw'r ARGLWYDD,
araf i ddigio a llawn ffyddlondeb.

Addolwr 3   Nid yw'n ceryddu'n ddiddiwedd,
nac yn meithrin ei ddicter am byth.

Addolwr 1   Ni wnaeth â ni yn ôl ein pechodau,
ac ni thalodd i ni yn ôl ein camweddau.

Addolwr 4   Oherwydd fel y mae'r nefoedd uwchben y ddaear,
y mae ei gariad ef dros y rhai sy'n ei ofni;

Addolwr 2   cyn belled ag y mae'r dwyrain o'r gorllewin,
y pellhaodd ein pechodau oddi wrthym.

Addolwr 3   Fel y mae tad yn tosturio wrth ei blant,
felly y tosturia'r ARGLWYDD wrth y rhai sy'n ei
ofni.

Addolwr 4   Oherwydd y mae ef yn gwybod ein deunydd,
yn cofio mai llwch ydym.

Addolwr 1   Y mae dyddiau dyn fel glaswelltyn;
y mae'n blodeuo fel blodeyn y maes-

Addolwr 3   pan â'r gwynt drosto fe ddiflanna,
ac nid yw ei le'n ei adnabod mwyach.

Addolwr 2   Ond y mae ffyddlondeb yr ARGLWYDD
o dragwyddoldeb i dragwyddoldeb,
ar y rhai sy'n ei ofni,
a'i gyfiawnder i blant eu plant,
i'r rhai sy'n cadw ei gyfamod,
yn cofio'i orchmynion ac yn ufuddhau.

Addolwr 4   Gosododd yr ARGLWYDD ei orsedd yn y
nefoedd, ac y mae ei frenhiniaeth ef yn rheoli pob
peth.

Addolwyr 1-4 Bendithiwch yr ARGLWYDD, ei angylion,
y rhai cedyrn sy'n gwneud ei air,
ac yn ufuddhau i'w eiriau.
Bendithiwch yr ARGLWYDD, ei holl luoedd,
ei weision sy'n gwneud ei ewyllys.
Bendithiwch yr ARGLWYDD, ei holl weithredoedd
ymhob man o dan ei lywodraeth.
Fy enaid, bendithia'r ARGLWYDD.

Salm 104
Mawredd Duw

Addolwr 1 Fy enaid, bendithia'r ARGLWYDD.
O ARGLWYDD fy Nuw, mawr iawn wyt ti;
yr wyt wedi dy wisgo ag ysblander ac anrhydedd,
a'th orchuddio â goleuni fel mantell.

Yr wyt yn taenu'r nefoedd fel pabell,
yn gosod tulathau dy balas ar y dyfroedd,
yn cymryd y cymylau'n gerbyd,
yn marchogaeth ar adenydd y gwynt,
yn gwneud y gwyntoedd yn negeswyr,
a'r fflamau tân yn weision.

Addolwr 2 Gosodaist y ddaear ar ei sylfeini,
fel na fydd yn symud byth bythoedd;
gwnaethost i'r dyfnder ei gorchuddio fel dilledyn, ac
y mae dyfroedd yn sefyll goruwch y mynyddoedd.

Gan dy gerydd di fe ffoesant,
gan sŵn dy daranau ciliasant draw,
a chodi dros fynyddoedd a disgyn i'r dyffrynnoedd,
i'r lle a bennaist ti iddynt;
rhoist iddynt derfyn nad ydynt i'w groesi,
rhag iddynt ddychwelyd a gorchuddio'r ddaear.

Addolwr 3 Yr wyt yn gwneud i ffynhonnau darddu mewn
hafnau, yn gwneud iddynt lifo rhwng y
mynyddoedd;
rhônt ddiod i holl fwystfilod y maes,
a chaiff asynnod gwyllt eu disychedu;
y mae adar y nefoedd yn nythu yn eu hymyl,
ac yn trydar ymysg y canghennau.

Addolwr 4 Yr wyt yn dyfrhau'r mynyddoedd o'th balas;
digonir y ddaear trwy dy ddarpariaeth.
Yr wyt yn gwneud i'r gwellt dyfu i'r gwartheg,
a phlanhigion at wasanaeth pobl,
i ddwyn allan fwyd o'r ddaear,
a gwin i lonni calonnau pobl,
olew i ddisgleirio'u hwynebau,
a bara i gynnal eu calonnau.
Digonir y coedydd cryfion,
y cedrwydd Lebanon a blannwyd,
lle mae'r adar yn nythu,
a'r ciconia yn cartrefu yn eu brigau.
Y mae'r mynyddoedd uchel ar gyfer geifr,
ac y mae'r clogwyni yn lloches i'r brochod.

Addolwr 2 Yr wyt yn gwneud i'r lleuad nodi'r tymhorau,
ac i'r haul wybod pryd i fachlud.
Trefnaist dywyllwch, fel bod nos,
a holl anifeiliaid y goedwig yn ymlusgo allan,
gyda'r llewod ifanc yn rhuo am ysglyfaeth,
ac yn ceisio eu bwyd oddi wrth Dduw.
Ond pan gyfyd yr haul, y maent yn mynd ymaith,
ac yn gorffwyso yn eu ffeuau.
A daw pobl allan i weithio,
ac at eu llafur hyd yr hwyrnos.

Addolwr 3 Mor niferus yw dy weithredoedd, O ARGLWYDD!
Gwnaethost y cyfan mewn doethineb;
y mae'r ddaear yn llawn o'th greaduriaid.
Dyma'r môr mawr a llydan,
gydag ymlusgiaid dirifedi
a chreaduriaid bach a mawr.
Arno y mae'r llongau yn tramwyo,
a Lefiathan, a greaist i chwarae ynddo.
Y mae'r cyfan ohonynt yn dibynnu arnat ti

i roi iddynt eu bwyd yn ei bryd.
Pan roddi iddynt, y maent yn ei gasglu ynghyd;
pan agori dy law, cânt eu diwallu'n llwyr,
Ond pan guddi dy wyneb, fe'u drysir;
pan gymeri eu hanadl, fe ddarfyddant,
a dychwelyd i'r llwch.
Pan anfoni dy anadl, cânt eu creu,
ac yr wyt yn adnewyddu wyneb y ddaear.

Addolwr 1   Bydded gogoniant yr ARGLWYDD dros byth,
a bydded iddo lawenhau yn ei weithredoedd.
Pan yw'n edrych ar y ddaear, y mae'n crynu;
pan yw'n cyffwrdd â'r mynyddoedd, y maent yn
mygu.

Addolwr 4   Canaf i'r ARGLWYDD, tra byddwyf byw,
rhof foliant i Dduw tra byddaf.
Bydded fy myfyrdod yn gymeradwy ganddo-
yr wyf yn llawenhau yn yr ARGLWYDD.
Bydded i'r pechaduriaid ddarfod o'r tir,
ac na fydded y drygionus mwyach.

Addolwyr   Fy enaid, bendithia'r ARGLWYDD.
1, 2, 3 a 4   Molwch yr ARGLWYDD.

Salm 111
Molwch yr Arglwydd

Arweinydd   Molwch yr ARGLWYDD.
Diolchaf i'r ARGLWYDD â'm holl galon
yng nghwmni'r uniawn, yn y gynulleidfa.

Addolwyr   Mawr yw gweithredoedd yr ARGLWYDD,
fe'u harchwilir gan bawb sy'n ymhyfrydu ynddynt.

Arweinydd   Llawn anrhydedd a mawredd yw ei waith,
a saif ei gyfiawnder am byth.

Addolwyr   Gwnaeth inni gofio ei ryfeddodau;
graslon a thrugarog yw'r ARGLWYDD.

Arweinydd   Mae'n rhoi bwyd i'r rhai sy'n ei ofni,
ac yn cofio ei gyfamod am byth.

Addolwyr   Dangosodd i'w bobl rym ei weithredoedd
trwy roi iddynt etifeddiaeth y cenhedloedd.

Arweinydd   Y mae gwaith ei ddwylo yn gywir a chyfiawn,
a'i holl orchmynion yn ddibynadwy;

Addolwyr   y maent wedi eu sefydlu hyd byth,
ac wedi eu llunio o wirionedd ac uniondeb.

Arweinydd   Rhoes waredigaeth i'w bobl,
a gorchymyn ei gyfamod dros byth.
Sanctaidd ac ofnadwy yw ei enw.

Addolwyr   Dechrau doethineb yw ofn yr ARGLWYDD;
y mae deall da gan bawb sy'n ufudd.
Y mae ei foliant yn para byth.

Salm 113
Moli'r Arglwydd am ei Ddaioni

Pawb Molwch yr ARGLWYDD.
Molwch, chwi weision yr ARGLWYDD,
molwch enw'r ARGLWYDD.

Arweinydd Bendigedig fyddo enw'r ARGLWYDD
o hyn allan a hyd byth.
Ymateb O godiad haul hyd ei fachlud
bydded enw'r ARGLWYDD yn foliannus.

Arweinydd Uchel yw'r ARGLWYDD goruwch yr holl
genhedloedd,
Ymateb a'i ogoniant goruwch y nefoedd.

Arweinydd Pwy sydd fel yr ARGLWYDD ein Duw
yn y nefoedd neu ar y ddaear,
Ymateb yn gosod ei orseddfainc yn uchel
a hefyd yn ymostwng i edrych yn isel?

Arweinydd Y mae ef yn codi'r gwan o'r llwch
ac yn dyrchafu'r anghenus o'r domen,
Ymateb i'w gosod gyda phendifigion,
gyda phendefigion ei bobl.

Pawb Rhydd deulu i'r wraig ddi-blant;
daw'n fam lawen i blant.
Molwch yr ARGLWYDD.

Salm 115
Gogoniant i Dduw

Arweinydd Nid i ni, O ARGLWYDD, nid i ni,
ond i'th enw dy hun, rho ogoniant,
er mwyn dy gariad a'th ffyddlondeb.

Addolwr 1 Pam y mae'r cenhedloedd yn dweud,

Ymofynydd Ple mae eu Duw?

Addolwr 2 Y mae ein Duw ni yn y nefoedd;
fe wna beth bynnag a ddymuna.
Arian ac aur yw eu delwau hwy,
ac wedi eu gwneud â dwylo dynol.

Addolwr 1 Y mae ganddynt enau nad ydynt yn siarad,
a llygaid nad ydynt yn gweld;
y mae ganddynt glustiau nad ydynt yn clywed,
a ffroenau nad ydynt yn arogli;

Addolwr 2 y mae ganddynt ddwylo nad ydynt yn teimlo,
a thraed nad ydynt yn cerdded;
ac ni ddaw sŵn o'u gyddfau.

Addolwr 1 Y mae eu gwneuthurwyr yn mynd yn debyg iddynt,
ac felly hefyd bob un sy'n ymddiried ynddynt.

Arweinydd O Israel, ymddirieda yn yr ARGLWYDD.
Ef yw eu cymorth a'u tarian.
O dŷ Aaron, ymddiriedwch yn yr ARGLWYDD.
Ef yw eu cymorth a'u tarian.

Addolwr 1 Chwi sy'n ofni'r ARGLWYDD,
ymddiriedwch yn yr ARGLWYDD.

Ef yw eu cymorth a'u tarian.
Y mae'r ARGLWYDD yn ein cofio ac yn ein
bendithio;
fe fendithia dŷ Israel,
fe fendithia dŷ Aaron,
fe fendithia'r rhai sy'n ofni'r ARGLWYDD,
y bychan a'r mawr fel ei gilydd.

Arweinydd Bydded yr ARGLWYDD yn eich amlhau,
chwi a'ch plant hefyd.
Bydded ichwi gael bendith gan yr ARGLWYDD
a wnaeth nefoedd a daear.

Addolwr 2 Y nefoedd, eiddo'r ARGLWYDD yw,
ond fe roes y ddaear i ddynolryw.
Nid yw'r meirw yn moliannu'r ARGLWYDD,
na'r holl rai sy'n mynd i lawr i dawelwch.
Ond yr ydym ni'n bendithio'r ARGLWYDD
yn awr a hyd byth.

Pawb Molwch yr ARGLWYDD.

Salm 121
Yr Arglwydd yn Gymorth

Addolwr 1   Codaf fy llygaid tua'r mynyddoedd;
o ble y daw cymorth i mi?

Addolwr 2   Daw fy nghymorth oddi wrth yr ARGLWYDD,
creawdwr nefoedd a daear.

Addolwr 1   Nid yw'n gadael i'th droed lithro,
ac nid yw dy geidwad yn cysgu.

Addolwr 2   Nid yw ceidwad Israel yn cysgu nac yn huno.

Addolwr 1   Yr ARGLWYDD yw dy geidwad,
yr ARGLWYDD yw dy gysgod ar dy ddeheulaw;

Addolwr 2   ni fydd yr haul yn dy daro yn y dydd,
na'r lleuad yn y nos.

Addolwr 1   Bydd yr ARGLWYDD yn dy gadw rhag pob drwg,
bydd yn cadw dy einioes.

Addolwr 2   Bydd yr ARGLWYDD yn gwylio dy fynd a'th ddod
yn awr a hyd byth.

Salm 122
Moli Tŷ'r Arglwydd

Arweinydd Yr oeddwn yn llawen pan ddywedasant wrthyf,

Addolwr 1 Gadewch inni fynd i dŷ'r ARGLWYDD.

Arweinydd Y mae ein traed bellach yn sefyll
o fewn dy byrth, O Jerwsalem.
Adeiladwyd Jerwsalem yn ddinas
lle'r unir y bobl â'i gilydd.
Yno yr esgyn y llwythau,
llwythau'r ARGLWYDD,
fel y gorchmynnwyd i Israel,
i roi diolch i enw'r ARGLWYDD.
Yno y gosodwyd gorseddfeinciau barn,
gorseddfeinciau tŷ Dafydd.
Gweddïwch am heddwch i Jerwsalem.

Addolwr 2 Bydded llwyddiant i'r rhai sy'n dy garu;
bydded heddwch o fewn dy furiau,
a diogelwch o fewn dy geyrydd.

Arweinydd Er mwyn fy nghydnabod a'm cyfeillion,
dywedaf,

Addolwr 1 Bydded heddwch i ti.

Arweinydd Er mwyn tŷ yr ARGLWYDD ein Duw,
ceisiaf ddaioni i ti.

Salm 127
Duw yr Adeiladydd

Arweinydd Os nad yw'r ARGLWYDD yn adeiladu'r tŷ,
Ymateb y mae ei adeiladwyr yn gweithio'n ofer.

Arweinydd Os nad yw'r ARGLWYDD yn gwylio'r ddinas,
Ymateb y mae'r gwylwyr yn effro'n ofer.

Arweinydd Yn ofer y codwch yn fore,
a mynd yn hwyr i orffwyso,
a llafurio am y bwyd a fwytewch;
Ymateb oherwydd mae ef yn rhoi i'w anwylyd
pan yw'n cysgu.

Arweinydd Wele, etifeddiaeth oddi wrth yr ARGLWYDD yw
meibion,
Ymateb a gwobr yw ffrwyth y groth.
Fel saethau yn llaw rhyfelwr,
yw meibion ieuenctid dyn.

Arweinydd Gwyn ei fyd y sawl,
sydd â chawell llawn ohonynt;
Ymateb ni chywilyddir ef
pan ddadleua â'i elynion yn y porth.

Salm 128
Ufudd-dod i'r Arglwydd

Pawb   Gwyn ei fyd pob un sy'n ofni'r ARGLWYDD
ac yn rhodio yn ei ffyrdd.

Arweinydd   Cei fwyta o ffrwyth dy lafur;
byddi'n hapus ac yn wyn dy fyd.

Pawb   Gwyn ei fyd pob un sy'n ofni'r ARGLWYDD
ac yn rhodio yn ei ffyrdd.

Arweinydd   Bydd dy wraig yng nghanol dy dŷ
fel gwinwydden ffrwythlon,
a'th blant o amgylch dy fwrdd
fel blagur olewydd.
Wele, fel hyn y bendithir y sawl
sy'n ofni'r ARGLWYDD.

Pawb   Gwyn ei fyd pob un sy'n ofni'r ARGLWYDD
ac yn rhodio yn ei ffyrdd.

Arweinydd   Bydded i'r ARGLWYDD dy fendithio o
Seion, iti gael gweld llwyddiant Jerwsalem
holl ddyddiau dy fywyd,
ac iti gael gweld plant dy blant.

Pawb   Bydded heddwch ar Israel!

Salm 130
Cri am Gymorth

Addolwr 1   O'r dyfnderau y gwaeddais arnat, O ARGLWYDD.
Arglwydd, clyw fy llef;
bydded dy glustiau'n agored
i lef fy ngweddi.

Addolwr 2   Os wyt ti, ARGLWYDD, yn cadw cyfrif o
gamweddau,
pwy, O Arglwydd, a all sefyll?
Ond y mae gyda thi faddeuant,
fel y cei dy ofni.

Addolwr 3   Disgwyliaf wrth yr ARGLWYDD; y mae
fy enaid yn disgwyl,
a gobeithiaf yn ei air;
y mae fy enaid yn disgwyl wrth yr Arglwydd
yn fwy nag y mae'r gwylwyr am y bore,
yn fwy nag y mae'r gwylwyr am y bore.

Addolwr 4   O Israel, gobeithia yn yr ARGLWYDD,
oherwydd gyda'r Arglwydd y mae ffyddlondeb,
a chydag ef y mae gwaredigaeth helaeth.
Ef sydd yn gwaredu Israel
oddi wrth ei holl gamweddau.

Salm 134
Bendithiwch yr Arglwydd

Arweinydd Dewch, bendithiwch yr ARGLWYDD,
Ymateb holl weision yr ARGLWYDD,
sy'n sefyll liw nos yn nhŷ'r ARGLWYDD.

Arweinydd Codwch eich dwylo yn y cysegr,
Ymateb a bendithiwch yr ARGLWYDD.

Arweinydd Bydded i'r ARGLWYDD eich bendithio o Seion-
Ymateb creawdwr nefoedd a daear!

Salm 136
Salm o Ddiolchgarwch

Arweinydd 1 Diolchwch i'r ARGLWYDD am mai da yw,
Cynulleidfa oherwydd mae ei gariad hyd byth.

Arweinydd 2 Diolchwch i Dduw y duwiau,
Cynulleidfa oherwydd mae ei gariad hyd byth.

Arweinydd 3 Diolchwch i Arglwydd yr arglwyddi,
Cynulleidfa oherwydd mae ei gariad hyd byth.

Arweinydd 1 Y mae'n gwneud rhyfeddodau mawrion ei
hunan,
Cynulleidfa oherwydd mae ei gariad hyd byth;

Arweinydd 2 gwnaeth y nefoedd mewn doethineb,
Cynulleidfa oherwydd mae ei gariad hyd byth;

Arweinydd 3	taenodd y daear dros y dyfroedd,
Cynulleidfa	oherwydd mae ei gariad hyd byth;
Arweinydd 1	gwnaeth oleuadau mawrion,
Cynulleidfa	oherwydd mae ei gariad hyd byth;
Arweinydd 2	yr haul i reoli'r dydd,
Cynulleidfa	oherwydd mae ei gariad hyd byth,
Arweinydd 3	y lleuad a'r sêr i reoli'r nos,
Cynulleidfa	oherwydd mae ei gariad hyd byth.
Arweinydd 1	Trawodd rai cyntafanedig yr Aifft,
Cynulleidfa	oherwydd mae ei gariad hyd byth,
Arweinydd 2	a daeth ag Israel allan o'u canol,
Cynulleidfa	oherwydd mae ei gariad hyd byth;
Arweinydd 3	â llaw gref ac â braich estynedig,
Cynulleidfa	oherwydd mae ei gariad hyd byth.
Arweinydd 1	Holltodd y Môr Coch yn ddau,
Cynulleidfa	oherwydd mae ei gariad hyd byth,
Arweinydd 2	a dygodd Israel trwy ei ganol,
Cynulleidfa	oherwydd mae ei gariad hyd byth,
Arweinydd 3	ond taflodd Pharo a'i lu i'r Môr Coch,
Cynulleidfa	oherwydd mae ei gariad hyd byth.
Arweinydd 1	Arweiniodd ei bobl trwy'r anialwch,
Cynulleidfa	oherwydd mae ei gariad hyd byth,
Arweinydd 2	a tharo brenhinoedd mawrion,
Cynulleidfa	oherwydd mae ei gariad hyd byth.

Arweinydd 3
Cynulleidfa
Lladdodd frenhinoedd cryfion,
oherwydd mae ei gariad hyd byth;

Arweinydd 1
Cynulleidfa
Sihon brenin yr Amoriaid,
oherwydd mae ei gariad hyd byth,

Arweinydd 2
Cynulleidfa
Og brenin Basan,
oherwydd mae ei gariad hyd byth;

Arweinydd 3
Cynulleidfa
rhoddodd eu tir yn etifeddiaeth,
oherwydd mae ei gariad hyd byth,

Arweinydd 1
Cynulleidfa
yn etifeddiaeth i'w was Israel,
oherwydd mae ei gariad hyd byth.

Arweinydd 2
Cynulleidfa
Pan oeddem wedi'n darostwng, fe'n cofiodd,
oherwydd mae ei gariad hyd byth,

Arweinydd 3
Cynulleidfa
a'n gwaredu oddi wrth ein gelynion,
oherwydd mae ei gariad hyd byth.

Arweinydd 1
Cynulleidfa
Ef sy'n rhoi bwyd i bob creadur,
oherwydd mae ei gariad hyd byth.

Arweinydd 2
Cynulleidfa
Diolchwch i Dduw y nefoedd,
oherwydd mae ei gariad hyd byth.

Salm 137
Canu mewn tir estron

Addolwr 1 Ger afonydd Babilon yr oeddem yn eistedd
ac yn wylo wrth inni gofio am Seion.
Ar yr helyg yno bu inni grogi ein telynau;
oherwydd yno gofynnodd y rhai
a'n caethiwai am gân,
a'r rhai a'n hanreithiai am ddifyrrwch.
Meddent,

Gelyn Canwch rai o ganeuon Seion.

Addolwr 2 Sut y medrwn ganu cân yr ARGLWYDD
mewn tir estron?
Os anghofiaf di, Jerwsalem,
bydded fy neheulaw'n ddiffrwyth;
bydded i'm tafod lynu wrth daflod fy ngenau
os na chofiaf di,
os na osodaf Jerwsalem
yn uwch na'm llawenydd pennaf.

Addolwr 3 O ARGLWYDD, dal yn erbyn pobl Edom
ddydd gofid Jerwsalem,
am iddynt ddweud,

Gelyn I lawr â hi, i lawr â hi hyd at ei sylfeini.

Addolwr 3 O ferch Babilon, a ddistrywir,
gwyn ei fyd y sawl sy'n talu'n ôl i ti
am y cyfan a wnaethost i ni.
Gwyn ei fyd y sawl sy'n cipio dy blant
ac yn dryllio yn erbyn y graig.

Salm 139
Arglwydd sy'n fy adnabod

Addolwr 1   ARGLWYDD, yr wyt wedi fy chwilio a'm hadnabod.
Gwyddost ti pa bryd y byddaf yn eistedd ac yn
codi: yr wyt wedi deall fy meddwl o bell: yr wyt
wedi mesur fy ngherdded a'm gorffwys, ac yr wyt
yn gyfarwydd â holl ffyrdd.

Oherwydd nid oes air ar fy nhafod heb i ti,
ARGLWYDD, ei wybod i gyd.
Yr wyt wedi cau amdanaf yn ôl ac ymlaen,
ac wedi gosod dy law drosof.
Y mae'r wybodaeth hon yn rhy ryfedd i mi:
y mae'n rhy uchel i mi ei chyrraedd.

Adolwr 2   I ble yr af oddi wrth dy ysbryd?
I ble y ffoaf o'th bresenoldeb?
Os dringaf i'r nefoedd yr wyt yno:
Os cyweiriaf wely yn Sheol, yr wyt yno hefyd.
Os cymeraf adenydd y wawr a thrigo ym
mhellafoedd y môr,
yno hefyd fe fydd dy law yn fy arwain,
a'th ddeheulaw yn fy nghynnal.

Os dywedaf, "Yn sicr bydd y tywyllwch yn fy
nghuddio, a'r nos yn cau amdanaf",
eto nid yw tywyllwch yn dywyllwch i ti:
y mae'r nos yn goleuo fel dydd,
a'r un yw tywyllwch a goleuni.

Addolwr 1   Ti a greodd fy ymysgaroedd,
a'm llunio yng nghroth fy mam.
Clodforaf di, oherwydd yr wyt yn ofnadwy a
rhyfeddol, ac y mae dy weithredoedd yn rhyfeddol.

Yr wyt yn fy adnabod mor dda;
ni chuddiwyd fy ngwneuthuriad oddi wrthyt
pan oeddwn yn cael fy ngwneud yn y dirgel,
ac yn cael fy llunio yn nyfnderoedd y ddaear.
Gwelodd dy lygaid fy nefnydd di-lun:
y mae'r cyfan wedi ei ysgrifennu yn dy lyfr:
cafodd fy nyddiau eu ffurfio
pan nad oedd yr un ohonynt.

Addolwr 2   Mor ddwfn i mi yw dy feddylia, O Dduw,
ac mor lluosog eu nifer!
Os cyfrifaf hwy, y maent yn amlach na'r tywod,
a phe gorffennwn hynny, byddit ti'n
parhau gyda mi.
Fy Nuw, O na fyddit ti'n lladd y drygionus,
fel y byddai rhai gwaedlyd yn troi oddi wrthyf-
y rhai sy'n dy herio di yn ddichellgar,
ac yn gwrthryfela'n ofer yn dy erbyn.
Onid wyf yn casáu, O ARGLWYDD,
y rhai sy'n dy gasáu di,
ac yn ffieiddio'r rhai sy'n codi yn dy erbyn?
Yr wyf yn eu casáu â chas perffaith,
ac y maent yn elynion i mi.

Addolwr 1   Chwilia fi, O Dduw, iti adnabod fy nghalon;
profa fi, iti ddeall fy meddyliau.
Edrych a wyf ar ffordd a fydd yn loes i mi,
ac arwain fi yn y ffordd dragwyddol.

Salm 147
Moli Duw Hollalluog

Arweinydd Molwch yr ARGLWYDD.
Ymateb Da yw canu mawl i'n Duw ni,
oherwydd y mae'n drugarog, a
gweddus yw mawl.

Arweinydd Y mae'r ARGLWYDD yn adeiladu Jerwsalem,
Ymateb y mae'n casglu rhai gwasgaredig Israel.

Arweinydd Y mae'n iacháu'r rhai drylliedig o galon,
Ymateb ac yn rhwymo eu doluriau.

Arweinydd Y mae'n pennu nifer y sêr,
Ymateb ac yn rhoi enwau arnynt i gyd.

Arweinydd Mawr yw ein Harglwydd ni, a chryf o nerth;
Ymateb y mae ei ddoethineb yn ddifesur.

Arweinydd Y mae'r ARGLWYDD yn codi'r rhai gostyngedig,
Ymateb ond yn bwrw'r drygionus i'r llawr.

Arweinydd Canwch i'r ARGLWYDD mewn diolch,
Ymateb canwch fawl i'n Duw â'r delyn.

Arweinydd Y mae ef yn gorchuddio'r nefoedd â chymylau,
Ymateb ac yn darparu glaw i'r ddaear;

Arweinydd y mae'n gwisgo'r mynyddoedd â glaswellt,
Ymateb a phlanhigion at wasanaeth pobl.

Arweinydd Y mae'n rhoi eu porthiant i'r anifeiliaid,
Ymateb a'r hyn a ofynnant i gywion y gigfran.

Arweinydd Nid yw'n ymhyfrydu yn nerth march,
Ymateb nac yn cael pleser yng nghyhyrau gŵr;

Arweinydd ond pleser yr ARGLWYDD yw'r rhai sy'n ei ofni,
Ymateb y rhai sy'n gobeithio yn ei gariad.

Arweinydd Molianna yr ARGLWYDD, o Jerwsalem;
Ymateb mola dy Dduw, O Seion,

Arweinydd oherwydd cryfhaodd farrau dy byrth,
Ymateb a bendithiodd dy blant o'th fewn.

Arweinydd Y mae'n rhoi heddwch i'th derfynau,
Ymateb ac yn dy ddigoni â'r ŷd gorau.

Arweinydd Y mae'n anfon ei orchymyn i'r ddaear,
Ymateb ac y mae ei air yn rhedeg yn gyflym.

Arweinydd Y mae'n rhoi eira fel gwlân,
Ymateb ac yn taenu barrug fel lludw,

Arweinydd ac yn gwasgaru ei rew fel briwsion;
Ymateb pwy a all ddal ei oerni ef?

Arweinydd Y mae'n anfon ei air, ac yn eu toddi;
Ymateb gwna i'w wynt chwythu, ac fe lifa'r dyfroedd.

Arweinydd Y mae'n mynegi ei air i Jacob,
ei ddeddfau a'i farnau i Israel;
Ymateb ni wnaeth fel hyn ag unrhyw genedl,
na dysgu iddynt ei farnau.
Molwch yr ARGLWYDD.

Salm 148
Y Cyfanfyd yn Moli Duw

Pawb   Molwch yr ARGLWYDD.

Arweinydd   Molwch yr ARGLWYDD o'r nefoedd,

Pawb   molwch ef yn yr uchelderau.

Arweinydd   Molwch ef, ei holl angylion;

Pawb   molwch ef, ei holl luoedd.

Arweinydd   Molwch ef, haul a lleuad,

Pawb   molwch ef, yr holl sêr disglair.

Arweinydd   Molwch ef, nef y nefoedd,

Pawb   a'r dyfroedd sydd uwch y nefoedd.

Arweinydd   Bydded iddynt foli enw'r ARGLWYDD,

Pawb   oherwydd ef a orchymynnodd, a chrëwyd hwy;

Arweinydd   fe'u gwnaeth yn sicr fyth bythoedd;

Pawb   rhoes iddynt ddeddf nas torrir.

Arweinydd   Molwch yr ARGLWYDD o'r ddaear,

Pawb   chwi ddreigiau a'r holl ddyfnderau,

Arweinydd   tân a chenllysg, eira a mwg,

Pawb   y gwynt stormus sy'n ufudd i'w air;

Arweinydd   y mynyddoedd a'r holl fryniau,

Pawb   y coed ffrwythau a'r holl gedrwydd;

Arweinydd   anifeiliaid gwyllt a'r holl rai dof,

Pawb   ymlusgiaid ac adar hedegog;

Arweinydd   brenhinoedd y ddaear a'r holl bobloedd,

Pawb   tywysogion a holl farnwyr y ddaear;

Arweinydd   gwŷr ifainc a gwyryfon,

Pawb   hynafgwyr a llanciau hefyd.

Arweinydd   Bydded iddynt foli enw'r ARGLWYDD,
                 oherwydd ei enw ef yn unig sydd ddyrchafedig,

Pawb   ac y mae ei ogoniant ef uwchlaw daear a nefoedd.

Arweinydd   Y mae wedi dyrchafu corn ei bobl,
                 ac ef yw moliant ei holl ffyddloniaid,
                 pobl Israel, sy'n agos ato.

Pawb   Molwch yr ARGLWYDD.

Salm 149
Molwch yr Arglwydd

Pawb   Molwch yr ARGLWYDD.

Arweinydd   Canwch i'r ARGLWYDD gân newydd,
Pawb   ei foliant yng nghynulleidfa'r ffyddloniaid.

Arweinydd   Bydded i Israel lawenhau yn ei chreawdwr,
Pawb   ac i blant Seion orfoleddu yn eu brenin.

Arweinydd   Molwch ei enw â dawns,
Pawb   canwch fawl â thympan a thelyn.

Arweinydd   Oherwydd y mae'r ARGLWYDD yn
                ymhyfrydu yn ei bobl;
Pawb   y mae'n rhoi gwaredigaeth yn goron
                i'r gostyngedig.

Arweinydd   Bydded i'r ffyddloniaid orfoleddu mewn gogoniant,
Pawb   a llawenhau ar eu clustogau.

Arweinydd   Bydded uchel-foliant Duw yn eu genau,
                a chleddyf daufiniog yn eu llaw
Pawb   i weithredu dial ar y cenhedloedd
                a cherydd ar y bobloedd;
Arweinydd   i rwymo eu brenhinoedd mewn cadwynau,
Pawb   a'u pendefigion â gefynnau haearn;
Arweinydd   i weithredu'r farn a nodwyd ar eu cyfer.
Pawb   Ef yw gogoniant ei holl ffyddloniaid.
                Molwch yr ARGLWYDD.

Salm 150
Molwch yr Arglwydd

Pawb   Molwch yr ARGLWYDD.

Arweinydd Molwch Dduw yn ei gysegr,

Pawb   molwch ef yn ei ffurfafen gadarn.

Arweinydd Molwch ef am ei weithredoedd nerthol,

Pawb   molwch ef am ei holl fawredd.

Arweinydd Molwch ef â sain utgorn,

Pawb   molwch ef â nabl a thelyn.

Arweinydd Molwch ef â thympan a dawns,

Pawb   molwch ef â llinynnau a phibau.

Arweinydd Molwch ef â sŵn symbalau,

Pawb   molwch ef â symbalau uchel.

Arweinydd Bydded i bopeth byw foliannu'r ARGLWYDD.

Pawb   Molwch yr ARGLWYDD.

RHAN 2

DARLLENIADAU AR GYFER Y NADOLIG

Rhagfynegi dyfodiad Y Meseia
yn yr Hen Destament
Numeri 24: 15–17; Eseia 11: 1–2;
Jeremeia 23: 5–6; Micha 5:2; Eseia 9:2,6.

Numeri "Gair Balaam fab Beor, gair y gŵr yr agorir ei
lygaid ac sy'n clywed geiriau Duw,
yn gwybod meddwl y Goruchaf
yn cael gweledigaeth gan yr Hollalluog;
Fe'i gwelaf ef, ond nid yn awr;
edrychaf arno, ond nid yw'n agos.
Daw seren allan o Jacob, a chyfyd teyrnwialen o
Israel."

Eseia O'r cyff a adewir i Jesse fe ddaw blaguryn,
ac fe dyf cangen o'i wraidd ef;
bydd ysbryd yr Arglwydd yn gorffwys arno,
yn ysbryd doethineb a deall,
yn ysbryd cyngor a grym,
yn ysbryd gwybodaeth ac ofn yr Arglwydd.

Jeremeia "Wele'r dyddiau yn dod," medd yr Arglwydd, "y
cyfodaf i Ddafydd Flaguryn cyfiawn,
brenin a fydd yn llywodraethu'n ddoeth,
yn gwneud barn a chyfiawnder yn y tir.

Yn ei ddyddiau ef fe achubir Jwda,
ac fe drig Israel mewn diogelwch;
dyma'r enw a roddir iddo:
'Yr Arglwydd ein Cyfiawnder.'

Micha   Ond ti, Bethlehem Effrata,
sy'n fechan i fod ymhlith llwythau Jwda,
ohonot ti y daw allan i mi
un i fod yn llywodraethwr yn Israel,
a'i darddiad yn y gorffennol,
mewn dyddiau gynt.

Eseia   Y bobl oedd yn rhodio mewn tywyllwch a welodd
oleuni mawr;
y rhai a fu'n byw mewn gwlad o
gaddug dudew
a gafodd lewyrch golau.
Canys bachgen a aned i ni,
mab a roed i ni, a bydd yr awdurdod ar ei
ysgwydd.
Fe'i gelwir, "Cynghorwr rhyfeddol,
Duw Cadarn,
Tad bythol, Tywysog heddychlon".

Rhagfynegi Genedigaeth Iesu i Mair
Luc 1:26–38

Llefarydd   Yn y chweched mis anfonwyd yr angel Gabriel gan Dduw i dref yng Ngalilea o'r enw Nasareth, at wyryf oedd wedi ei dyweddïo i ŵr o'r enw Joseff, o dŷ Dafydd; Mair oedd enw'r wyryf. Aeth yr angel ati a dweud,

Gabriel   "Henffych well, tydi, yr un y rhoddodd Duw ei ffafr iddi! Y mae'r Arglwydd gyda thi."

Llefarydd   Ond cythryblwyd hi drwyddi gan ei eiriau, a cheisiodd ddirnad pa fath gyfarchiad a allai hwn fod. Meddai'r angel wrthi,

Gabriel   "Paid ag ofni, Mair, oherwydd cefaist ffafr gyda Duw; ac wele, byddi'n beichiogi yn dy groth ac yn esgor ar fab, a gelwi ef Iesu. Bydd hwn yn fawr, a Mab y Goruchaf y gelwir ef; rhydd yr Arglwydd Dduw iddo orsedd Dafydd ei dad ac fe deyrnasa ar dŷ Jacob am byth, ac ar ei deyrnas ni bydd diwedd."

Llefarydd   Meddai Mair wrth yr angel,

Mair   "Sut y digwydd hyn, gan nad wyf yn cael cyfathrach â gŵr?"

Llefarydd   Atebodd yr angel hi,

Gabriel   "Daw'r Ysbryd Glân arnat, a bydd nerth y Goruchaf yn dy gysgodi; am hynny gelwir y plentyn a genhedlir yn sanctaidd, Mab Duw."

Llefarydd   Dywedodd Mair.

Mair   "Dyma lawforwyn yr Arglwydd; bydded i mi yn ôl dy air di."

Llefarydd   Ac aeth yr angel i ffwrdd oddi wrthi.

Mair yn ymweld ag Elisabeth ac yn moli Duw
Luc 2:39-56

Llefarydd Ar hynny cychwynnodd Mair ac aeth ar frys i'r mynydd-dir, i un o drefi Jwda; ac aeth i dŷ Sachareias a chyfarch Elisabeth. Pan glywodd hi gyfarchiad Mair, llamodd y plentyn yn ei chroth a llanwyd Elisabeth â'r Ysbryd Glân; a llefodd â llais uchel.

Elisabeth "Bendigedig wyt ti ymhlith gwragedd, a bendigedig yw ffrwyth dy groth. Sut y daeth i'm rhan i fod mam fy Arglwydd yn dod ataf? Pan glywais dy lais yn fy nghyfarch, dyma'r plentyn yn fy nghroth yn llamu o orfoledd. Gwyn ei byd yr hon a gredodd y cyflawnid yr hyn a lefarwyd ganddi gan yr Arglwydd."

Llefarydd Ac meddai Mair:

Mair "Y mae fy enaid yn mawrygu yr Arglwydd,
a gorfoleddodd fy ysbryd yn Nuw, fy Ngwaredwr,
am iddo ystyried distadledd ei lawforwyn.
Oherwydd wele, o hyn allan fe'm gelwir yn wynfydedig gan yr holl genedlaethau,
oherwydd gwnaeth yr hwn sydd nerthol bethau mawr i mi, a sanctaidd yw ei enw ef;
y mae ei drugaredd o genhedlaeth i genhedlaeth i'r rhai sydd yn ei ofni ef.

Gwnaeth rymuster â'i fraich,
gwasgarodd y rhai balch eu calon;
tynnodd dywysogion oddi ar eu gorseddau,
a dyrchafodd y rhai distadl;
llwythodd y newynog â rhoddion,

ac anfonodd y cyfoethogion ymaith yn waglaw.

Cynorthwyodd ef Israel ei was,
gan ddwyn i'w gof ei drugaredd -
fel y llefarodd wrth ein hynafiaid -
ei drugaredd wrth Abraham a'i had yn dragywydd."

Llefarydd   Arhosodd Mair gydag Elisabeth tua thri mis, ac yna
dychwelodd adref.

Rhagfynegi Genedigaeth Iesu i Joseff
Mathew 1:18–25

Llefarydd   Fel hyn y bu genedigaeth Iesu Grist. Pan oedd
Mair ei fam wedi ei dyweddïo i Joseff, cyn iddynt
ddod at ei gilydd fe gafwyd ei bod hi'n feichiog o'r
Ysbryd Glân. A chan ei fod yn ddyn cyfiawn, ond
heb ddymuno ei chywilyddio'n gyhoeddus,
penderfynodd Joseff, ei gŵr, ei gollwng ymaith yn
ddirgel. Ond wedi iddo gynllunio felly, dyma angel
yr Arglwydd yn ymddangos iddo mewn breuddwyd,
a dweud,

Angel   "Joseff fab Dafydd, paid ag ofni cymryd Mair yn
wraig i ti, oherwydd y mae'r hyn a genhedlwyd
ynddi yn deillio o'r Ysbryd Glân. Bydd yn esgor ar
fab, a gelwi ef Iesu, am mai ef a wareda ei bobl
oddi wrth eu pechodau."

Llefarydd   A digwyddodd hyn oll fel y cyflawnid y gair a
lefarwyd gan yr Arglwydd trwy'r proffwyd:

Proffwyd   Wele, bydd y wyryf yn beichiogi,
ac yn esgor ar fab,
a gelwir ef Immanuel.

Llefarydd   Hynny yw, o'i gyfieithu, "Y mae Duw gyda ni".
A phan ddeffrôdd Joseff o'i gwsg, gwnaeth fel yr
oedd angel yr Arglwydd wedi gorchymyn, a
chymryd Mair yn wraig iddo. Ond ni chafodd
gyfathrach â hi hyd nes iddi esgor ar fab; a
galwodd ef Iesu.

Genedigaeth Iesu
Luc 2:1–7

Llefarydd 1 Yn y dyddiau hynny aeth gorchymyn allan oddi wrth Cesar Awgwstus i gofrestru'r holl Ymerodraeth.

Llefarydd 2 Digwyddodd y cofrestru cyntaf hwn pan oedd Cyrenius yn llywodraethu ar Syria. Aeth pawb felly i'w gofrestru, pob un i'w dref ei hun. Oherwydd ei fod yn perthyn i dŷ a theulu Dafydd, aeth Joseff i fyny o dref Nasareth yng Ngalilea i Jwdea, i dref Dafydd a elwir Bethlehem, i ymgofrestru ynghyd â Mair ei ddyweddi; ac yr oedd hi'n feichiog.

Llefarydd 1 Pan oeddent yno, cyflawnwyd yr amser iddi esgor, ac esgorodd ar ei mab cyntaf-anedig; a rhwymodd ef mewn dillad baban a'i osod mewn preseb, am nad oedd lle iddynt yn y gwesty.

Cyhoeddi'r newyddion am enedigaeth Iesu
i'r bugeiliaid
Luc 2:8–14

Llefarydd   Yn yr un ardal yr oedd bugeiliaid allan yn y wlad yn gwarchod eu praidd liw nos. A safodd angel yr Arglwydd yn eu hymyl a disgleiriodd gogoniant yr Arglwydd o'u hamgylch, a daeth arswyd arnynt. Yna dywedodd yr angel wrthynt,

Angel   "Peidiwch ag ofni, oherwydd wele, yr wyf yn cyhoeddi i chwi y newydd da am lawenydd mawr a ddaw i'r holl bobl; ganwyd i chwi heddiw yn nhref Dafydd, Waredwr, yr hwn yw'r Meseia, yr Arglwydd; a dyma'r arwydd i chwi: cewch hyd i'r un bach wedi ei rwymo mewn dillad baban ac yn gorwedd mewn preseb."

Llefarydd   Yn sydyn ymddangosodd gyda'r angel dyrfa o'r llu nefol, yn moli Duw gan ddweud:

Corws   "Gogoniant yn y goruchaf i Dduw, ac y ddaear tangnefedd ymhlith y rhai sydd wrth ei fodd."

Y bugeiliaid yn dod o hyd i Iesu
Luc 2:15–20

Llefarydd 1 Wedi i'r angylion fynd ymaith oddi wrthynt i'r nef, dechreuodd y bugeiliaid ddweud wrth ei gilydd,

Bugail 1 a 2 Gadewch inni fynd i Fethlehem a gweld yr hyn sydd wedi digwydd, y peth yr hysbysodd yr Arglwydd ni amdano.

Llefarydd 2 Aethant ar frys, a chawsant hyd i Fair a Joseff, a'r baban yn gorwedd yn y preseb; ac wedi ei weld mynegasant yr hyn oedd wedi ei lefaru wrthynt am y plentyn hwn.

Llefarydd 1 Rhyfeddodd pawb a'u clywodd at y pethau a ddywedodd y bugeiliaid wrthynt; ond yr oedd Mair yn cadw'r pethau hyn yn ddiogel yn ei chalon ac yn myfyrio arnynt.

Llefarydd 2 Dychwelodd y bugeiliaid gan ogoneddu a moli Duw am yr holl bethau a glywsant ac a welsant, yn union fel y llefarwyd wrthynt.

Ymweliad y Seryddion
Mathew 2:1–11

Llefarydd   Wedi i Iesu gael ei eni ym Methlehem Jwdea yn nyddiau'r Brenin Herod, daeth seryddion o'r dwyrain i Jerwsalem a holi

Sêr-Ddewiniaid   "Ble mae'r hwn a anwyd i fod yn frenin yr Iddewon? Oherwydd gwelsom ei seren ef ar ei chyfodiad, a daethom i'w addoli."

Llefarydd   A phan glywodd y Brenin Herod hyn, cythruddwyd ef, a Jerwsalem i gyd gydag ef. Galwodd ynghyd yr holl brif offeiriaid ac ysgrifenyddion y bobl, a holi ganddynt ble yr oedd y Meseia i gael ei eni. Eu hateb oedd

Athro   "Ym Methlehem Jwdea, oherwydd felly yr ysgrifennwyd gan y proffwyd:"

Proffwyd   A thithau Bethlehem yng ngwlad Jwda, nid y lleiaf wyt ti o lawer ymysg tywysogion Jwda, canys ohonot ti y daw allan arweinydd a fydd yn fugail ar fy mhobl Israel.

Llefarydd   Yna galwodd Herod y seryddion yn ddirgel ato, a holodd hwy'n fanwl pa bryd yr oedd y seren wedi ymddangos. Anfonodd hwy i Fethlehem gan ddweud,

Herod   "Ewch, a chwiliwch yn fanwl am y plentyn, a phan fyddwch wedi dod o hyd iddo, rhowch wybod i mi er mwyn i minnau hefyd fynd a'i addoli."

Llefarydd   Wedi gwrando ar y brenin aethant ar eu taith, a

dyma'r seren a welsant ar ei chyfodiad yn mynd
o'u blaen hyd nes iddi ddod ac aros uwchlaw'r man lle'r
oedd y plentyn. A phan welsant y seren, yr oeddent yn
llawen dros ben. Daethant i'r tŷ a gweld y plentyn gyda
Mair ei fam; syrthiasant i lawr a'i addoli, ac wedi agor eu
trysorau offrymasant iddo anrhegion, aur a thus a myrr.

Lladd y Plant
Mathew 2: 12–18

Llefarydd   Yna, ar ôl cael eu rhybuddio mewn breuddwyd i beidio â dychwelyd at Herod, aethant yn ôl i'w gwlad ar hyd ffordd arall. Wedi iddynt ymadael, dyma angel yr Arglwydd yn ymddangos i Joseff mewn breuddwyd, ac yn dweud,

Angel   Cod, a chymer y plentyn a'i fam gyda thi, a ffo i'r Aifft, ac aros yno hyd nes y dywedaf wrthyt, oherwydd y mae Herod yn mynd i chwilio am y plentyn er mwyn ei ladd.

Llefarydd   Yna cododd Joseff, a chymerodd y plentyn a'i fam gydag ef liw nos, ac ymadael i'r Aifft. Arhosodd yno hyd farwolaeth Herod, fel y cyflawnid y gair a lefarwyd gan yr Arglwydd trwy'r proffwyd:

Proffwyd   O'r Aifft y gelwais fy mab.

Llefarydd   Yna, pan ddeallodd Herod iddo gael ei dwyllo gan y seryddion, aeth yn gynddeiriog, a rhoddodd orchymyn i ladd pob bachgen ym Methlehem a'r holl gyffuniau oedd yn ddyflwydd oed neu iau, gan gyfrif o'r amser yr holodd ef y seryddion. Felly y cyflawnwyd y gair a lefarwyd trwy Jeremeia'r proffwyd:

Proffwyd   Clywyd llef yn Rama,
wylofain a galaru dwys;
Rachel yn wylo am ei phlant,
ac ni fynnai ei chysuro,
am nad oeddent mwy.

Dychwelyd o'r Aifft
Mathew 2:19–23

Llefarydd   Ar ôl i Herod farw, dyma angel yr Arglwydd yn ymddangos mewn breuddwyd i Joseff yn yr Aifft, gan ddweud,

Angel   Cod, a chymer y plentyn a'i fam gyda thi, a dos i wlad Israel, oherwydd bu farw y rhai oedd yn ceisio bywyd y plentyn.

Llefarydd   Yna cododd Joseff, a chymerodd y plentyn a'i fam gydag ef, a mynd i wlad Israel. Ond wedi clywed bod Archelaus yn teyrnasu dros Jwdea yn lle ei dad Herod, daeth ofn ar Joseff fynd yno. Cafodd ei rybuddio mewn breuddwyd, ac ymadawodd i barthau Galilea, ac ymsefydlodd mewn tref a elwid Nasareth, fel y cyflawnid y gair a lefarwyd trwy'r proffwydi:

Proffwyd   Gelwir ef yn Nasaread.

Cyflwyno Iesu yn y Deml
Luc 2:21-24-32

Llefarydd Pan wnaeth yr amser i enwadau arno ymhen wyth diwrnod, galwyd ef Iesu, yr enw a roddwyd iddo gan yr angel cyn i'w fam feichiogi arno.

Pan ddaeth amser puredigaeth yn ôl cyfraith Moses, cymerodd ei rieni ef i fyny i Jerwsalem i'w gyflwyno i'r Arglwydd, yn unol â'r hyn sydd wedi ei ysgrifennu yng Nghyfraith yr Arglwydd: "Pob gwryw cyntafanedig, fe'i gelwir yn sanctaidd i'r Arglwydd."; ac i roi offrwm yn unol â'r hyn sydd wedi ei ddweud yng Nghyfraith yr Arglwydd: "Pâr o durturod neu ddau gyw colomen."

Simeon Yn awr yr wyt yn gollwng dy was yn rhydd, O Arglwydd, mewn tangnefedd yn unol â'th air; oherwydd y mae fy llygaid wedi gweld dy iachawdwriaeth, a ddarperaist yng ngwydd yr holl bobloedd: goleuni i fod yn ddatguddiad i'r Cenhedloedd ac yn ogoniant i'th bobl Israel.

Llefarydd Yr oedd ei dad a'i fam yn rhyfeddu at y pethau oedd yn cael dweud amdano. Yna bendithiodd Simeon hwy, a dywedodd wrth Fair ei fam,

Simeon Wele, gosodwyd hwn er cwymp a chyfodiad llawer yn Israel, ac i fod yn arwydd a wrthwynebir; a thithau, trywenir dy enaid di gan gleddyf; felly y datguddir meddyliau calonnau lawer.

Barn yr apostolion
Ioan 1:1,3,14; Colosiaid 1:15,17;
Hebreaid 1:1-3; 2 Corinthiaid 4:6; 8:9;
Philipiaid 2:6-7; Ioan 1:11-12.

Ioan
Yn y dechreuad yr oedd y Gair; yr oedd y Gair gyda Duw, a Duw oedd y Gair. Daeth pob peth i fod trwyddo ef; hebddo ef ni ddaeth un dim i fod. A daeth y Gair yn gnawd a phreswylio yn ein plith, yn llawn gras a gwirionedd; gwelsom ei ogoniant ef, ei ogoniant fel unig Fab yn dod oddi wrth y Tad.

Colosiaid
Hwn yw delw'r Duw anweledig, cyntafanedig yr holl greadigaeth. Trwyddo ef ac er ei fwyn ef y mae pob peth wedi ei greu. Y mae ef yn bod cyn pob peth, ac ynddo ef y mae pob peth yn cydsefyll.

Hebreaid
Mewn llawer dull a llawer modd y llefarodd Duw gynt wrth yr hynafiaid trwy'r proffwydi, ond yn y dyddiau olaf hyn llefarodd wrthym ni mewn Mab. Hwn yw'r un a benododd Duw yn etifedd pob peth, a'r un y gwnaeth y bydysawd drwyddo. Ef yw disgleirdeb gogoniant Duw, ac y mae stamp ei sylwedd ef arno; ac y mae'n cynnal pob peth â'i air nerthol. Ar ôl iddo gyflawni puredigaeth pechodau, eisteddodd ar ddeheulaw'r Mawrhydi yn yr uchelder, wedi dyfod gymaint yn uwch na'r angylion ag y mae'r enw a etifeddodd yn rhagorach na'r eiddynt hwy.

Corinthiaid
Oherwydd y Duw a ddywedodd, "Llewyrched goleuni o'r tywyllwch", a lewyrchodd yn ein calonnau i roi i ni oleuni'r wybodaeth am ogoniant Duw yn wyneb Iesu Grist. Oherwydd yr ydych yn gwybod am ras ein Harglwydd Iesu Grist, fel y bu

iddo, ac yntau'n gyfoethog, ddod yn dlawd drosoch chwi, er mwyn i chwi ddod yn gyfoethog yn ei dlodi ef.

Philipiaid   Er ei fod ef ar ffurf Duw, ni chyfrifodd fod cydraddoldeb â Duw yn beth i'w gipio, ond fe'i gwacaodd ei hun, gan gymryd ffurf caethwas a dyfod ar wedd ddynol.

Ioan   Daeth i'w gynefin ei hun, ac ni dderbyniodd ei bobl ei hun mohono. Ond cynifer ag a'i derbyniodd, rhoes iddynt hwy, y rhai sy'n credu yn ei enw, hawl i ddod yn blant Duw.

Iesu'n tyfu i fyny
Luc 2:40–52

Llefarydd 1 Yr oedd y plentyn (Iesu) yn tyfu yn gryf ac yn llawn doethineb; ac yr oedd ffafr Duw arno. Byddai ei rieni yn teithio i Jerwsalem bob blwyddyn ar gyfer gŵyl y Pasg.

Llefarydd 2 Pan oedd ef yn ddeuddeng mlwydd oed, aethant i fyny yn unol â'r arfer ar yr ŵyl, a chadw ei ddyddiau yn gyflawn. Ond pan oeddent yn dychwelyd, arhosodd y bachgen Iesu yn Jerwsalem yn ddiarwybod i'w rieni.

Llefarydd 1 Gan dybio ei fod gyda'u cyd-deithwyr, gwnaethant daith diwrnod cyn dechrau chwilio amdano ymhlith eu perthnasau a'u cydnabod. Wedi methu cael hyd iddo dychwelasant i Jerwsalem gan chwilio amdano.

Llefarydd 2 Ymhen tridiau daethant o hyd iddo yn y deml, yn eistedd yng nghanol yr athrawon, yn gwrando arnynt ac yn eu holi; ac yr oedd pawb a'i clywodd yn rhyfeddu mor ddeallus oedd ei atebion.

Llefarydd 1 Pan welodd ei rieni ef, fe'u syfrdanwyd, ac meddai ei fam wrtho,

Mair Fy mhlentyn, pam y gwnaethost hyn inni? Dyma dy dad a minnau yn llawn pryder wedi bod yn chwilio amdanat.

Llefarydd 1 Meddai ef wrthynt,

Iesu Pam y buoch yn chwilio amdanaf? Onid oeddech yn gwybod mai yn nhŷ fy Nhad y mae'n rhaid i mi fod?

Llefarydd 2 Ond ni ddeallasant hwy y peth a dywedodd wrthynt. Yna aeth i lawr gyda hwy yn ôl i Nasareth, a bu'n ufudd iddynt. Cadwodd ei fam y cyfan yn ddiogel yn ei chalon. Ac yr oedd Iesu yn cynnyddu mewn doethineb, a maintioli, a ffafr gyda Duw a dynion.

RHAN 3
BYWYD A GWAITH IESU

Bedydd Iesu
Mathew 3:13–17

Llefarydd   Yna daeth Iesu o Galilea i'r Iorddonen at Ioan i'w fedyddio ganddo. Ceisiodd Ioan ei rwystro, gan ddweud,

Ioan   Myfi sydd angen fy medyddio gennyt ti, ac a wyt ti yn dod ataf fi?

Llefarydd   Meddai Iesu wrtho,

Iesu   Gad i hyn fod yn awr, oherwydd fel hyn y mae'n weddus i ni gyflawni popeth y mae cyfiawnder yn ei ofyn.

Llefarydd   Yna gadawodd Ioan iddo ddod. Bedyddiwyd Iesu, ac yna, pan gododd allan o'r dŵr, dyma'r nefoedd yn agor iddo, a gwelodd Ysbryd Duw yn disgyn fel colomen ac yn dod arno. A dyma lais o'r nefoedd yn dweud,

Llais   Hwn yw fy Mab, yr Anwylyd; ynddo ef yr wyf yn ymhyfrydu.

Temtiad Iesu (1)
Mathew 4:1–11

Llefarydd   Yna arweiniwyd Iesu i'r anialwch gan yr Ysbryd, i gael ei demtio gan y diafol. Wedi iddo ymprydio am ddeugain dydd a deugain nos daeth arno eisiau bwyd. A daeth y temtiwr a dweud wrtho,

Y Diafol   Os mab Duw wyt ti, dywed wrth y cerrig hyn am droi'n fara.

Llefarydd   Ond atebodd Iesu ef,

Iesu   Y mae'n ysgrifenedig:
'Nid ar fara yn unig y bydd rhywun fyw,
ond ar bob gair sy'n dod allan
o enau Duw.'

Llefarydd   Yna cymerodd y diafol ef i'r ddinas sanctaidd, a'i osod ar dŵr uchaf y deml, a dweud wrtho,

Y Diafol   Os Mab Duw wyt ti, bwrw dy hun i lawr; oherwydd y mae'n ysgrifenedig:
'Rhydd orchymyn i'w angylion amdanat;
byddant yn dy godi ar eu dwylo
rhag iti daro dy droed yn erbyn carreg.'

Llefarydd   Dywedodd Iesu wrtho,

Iesu   Y mae'n ysgrifenedig drachefn: 'Paid â gosod yr Arglwydd dy Dduw ar ei brawf.'

Llefarydd   Unwaith eto cymerodd y diafol ef i fynydd uchel iawn, a dangos iddo holl deyrnasoedd y byd a'u gogoniant, a dweud wrtho,

Y Diafol   Y rhain i gyd a roddaf i ti, os syrthi i lawr a'm haddoli i.

Llefarydd   Yna dywedodd Iesu wrtho,

Iesu   Dos ymaith, Satan; oherwydd y mae'n ysgrifenedig:
'Yr Arglwydd dy Dduw a addoli,
ac ef yn unig a wasanaethi.'

Llefarydd   Yna gadawodd y diafol ef, a daeth angylion a gweini arno.

Temtiad Iesu (2)
Luc 4:1–13

Llefarydd   Dychwelodd Iesu, yn llawn o'r Ysbryd Glân, o'r Iorddonen, ac arweiniwyd ef gan yr Ysbryd yn yr anialwch am ddeugain niwrnod, a'r diafol yn ei demtio. Ni fwytaodd ddim yn ystod y dyddiau hynny, ac ar eu diwedd daeth arno eisiau bwyd. Meddai'r diafol wrtho,

Y Diafol   Os Mab Duw wyt ti, dywed wrth y garreg hon am droi'n fara.

Llefarydd   Atebodd Iesu ef,

Iesu   Y mae'n ysgrifenedig: 'Nid ar fara yn unig y bydd rhywun fyw.'

Llefarydd   Yna aeth y diafol ag ef i fyny a dangos iddo ar amrantiad holl deyrnasoedd y byd, a dywedodd wrtho,

Y Diafol   I ti y rhof yr holl awdurdod ar y rhain a'u gogoniant hwy; oherwydd i mi y mae wedi ei draddodi, ac yr wyf yn ei roi i bwy bynnag a fynnaf. Felly, os addoli di fi, dy eiddo di fydd y cyfan.

Llefarydd   Atebodd Iesu ef,

Iesu   Y mae'n ysgrifenedig:
'Yr Arglwydd dy Dduw a addoli,
ac ef yn unig a wasanaethi.'

Llefarydd   Ond aeth y diafol ag ef i Jerwsalem, a'i osod ar dŵr uchaf y deml, a dweud wrtho,

Y Diafol   Os Mab Duw wyt ti, bwrw dy hun i lawr oddi yma;
oherwydd y mae'n ysgrifenedig:
'Rhydd orchymyn i'w angylion amdanat,
i'th warchod di rhag pob perygl.' a hefyd,
'Byddant yn dy godi ar eu dwylo rhag iti daro dy
droed yn erbyn carreg.'

Llefarydd   Yna atebodd Iesu ef,

Iesu   Y mae'r Ysgrythur yn dweud: 'Paid â gosod yr
Arglwydd dy Dduw ar ei brawf.'

Llefarydd   Ac ar ôl iddo ei demtio ym mhob modd
ymadawodd y diafol ag ef, gan aros ei gyfle.

Galw'r Disgyblion Cyntaf
Luc 5: 1–11; 6 :12–16

Llefarydd 1 Unwaith pan oedd y dyrfa'n gwasgu ato ac yn gwrando ar air Duw, ac ef ei hun yn sefyll ar lan Llyn Genesaret, gwelodd ddau gwch yn sefyll wrth y lan. Yr oedd y pysgotwyr wedi dod allan ohonynt, ac yr oeddent yn golchi eu rhwydau.

Llefarydd 2 Aeth ef i mewn i un o'r cychod, eiddo Simon, a gofyn iddo wthio allan ychydig o'r tir; yna eisteddodd, a dechrau dysgu'r tyrfaoedd o'r cwch. Pan orffennodd lefaru dywedodd wrth Simon,

Iesu Dos allan i'r dŵr dwfn, a gollyngwch eich rhwydau am ddalfa.

Llefarydd 1 Atebodd Simon,

Simon Meistr, drwy gydol y nos buom yn llafurio heb ddal dim, ond ar dy air di mi ollyngaf y rhwydau.

Llefarydd 1 Gwnaethant hyn, a daliasant nifer enfawr o bysgod, nes bod eu rhwydau bron â rhwygo. Amneidiasant ar eu partneriaid yn y cwch arall i ddod i'w cynorthwyo. Daethant hwy, a llwythasant y ddau gwch nes eu bod ar suddo.

Llefarydd 2 Pan welodd Simon Pedr hyn syrthiodd wrth liniau Iesu gan ddweud,

Simon Dos ymaith oddi wrthyf, oherwydd dyn pechadurus wyf fi, Arglwydd.

Llefarydd 2 Yr oedd ef, a phawb oedd gydag ef, wedi eu
syfrdanu o weld y llwyth pysgod yr oeddent wedi
eu dal; a'r un modd Iago ac Ioan, meibion
Sebedeus, a oedd yn bartneriaid i Simon.

Llefarydd 2 Ac meddai Iesu wrth Simon,

Iesu Paid ag ofni; o hyn allan dal dynion y byddi di.

Llefarydd 1 Yna daethant â'r cychod yn ôl i'r lan, a gadael
popeth, a'i ganlyn ef.

Llefarydd 2 Un o'r dyddiau hynny aeth allan i'r mynydd i
weddïo, a bu hyd y nos yn gweddïo ar Dduw. Pan
ddaeth hi'n ddydd galwodd ei ddisgyblion ato.

Llefarydd 1 Dewisodd o'u plith ddeuddeg, a rhoi'r enw
apostolion iddynt: Simon, a enwodd hefyd yn Pedr;
Andreas ei frawd; Iago, Ioan, Philip a
Bartholomeus;

Llefarydd 2 Mathew, Thomas, Iago fab Alffeus, a Simon, a
elwid y Selot; Jwdas fab Iago, a Jwdas Iscariot, a
droes yn fradwr.

Y BREGETH AR Y MYNYDD

Y Gwynfydau
Mathew 5 : 1–12

Llefarydd   Pan welodd Iesu y tyrfaoedd, aeth i fyny'r mynydd, ac wedi iddo eistedd i lawr daeth ei ddisgyblion ato. Dechreuodd eu hannerch a'u dysgu fel hyn:

Iesu   Gwyn eu byd y rhai sy'n dlodion yn yr ysbryd,

Disgyblion   oherwydd eiddynt hwy yw teyrnas nefoedd.

Iesu   Gwyn eu byd y rhai sy'n galaru,

Disgyblion   oherwydd cânt hwy eu cysuro.

Iesu   Gwyn eu byd y rhai addfwyn,

Disgyblion   oherwydd cânt hwy etifeddu'r ddaear.

Iesu   Gwyn eu byd y rhai sy'n newynu a sychedu am gyfiawnder,

Disgyblion   oherwydd cânt hwy eu digon.

Iesu   Gwyn eu byd y rhai trugarog,

Disgyblion   oherwydd cânt hwy dderbyn trugaredd.

Iesu   Gwyn eu byd y rhai pur eu calon,

Disgyblion   oherwydd cânt hwy weld Duw.

Iesu   Gwyn eu byd y tangnefeddwyr,

Disgyblion oherwydd cânt hwy eu galw'n blant Duw.

Iesu   Gwyn eu byd y rhai a erlidiwyd yn achos
                cyfiawnder,

Disgyblion oherwydd eiddynt hwy yw teyrnas nefoedd.

Iesu   Gwyn eich byd pan fydd pobl yn eich gwaradwyddo
                a'ch erlid, ac yn dweud pob math o ddrygair
                celwyddog yn eich erbyn, o'm hachos i.
                Llawenhewch a gorfoleddwch, oherwydd y mae
                eich gwobr yn fawr yn y nefoedd; felly yn wir yr
                erlidiwyd y proffwydi oedd o'ch blaen chwi.

Dysgeidiaeth Iesu ar Ddicter
Mathew 5: 21-26

Iesu   Clywsoch fel y dywedwyd wrth y rhai cynt,

Rabbi   Na ladd; pwy bynnag sy'n lladd, bydd yn atebol i
farn.

Iesu   Ond rwyf fi'n dweud wrthych y bydd pob un sy'n
ddig wrth ei frawd yn atebol i farn. Pwy bynnag
sy'n sarhau ei frawd, bydd yn atebol i'r llys, a phwy
bynnag sy'n dweud wrtho,

Brawd   Y ffŵl,

Iesu   bydd yn ateb am hynny yn nhân uffern. Felly os
wyt yn cyflwyno dy offrwm wrth yr allor, ac yno'n
cofio bod gan dy frawd rywbeth yn dy erbyn, gad
dy offrwm yno o flaen yr allor, a dos ymaith; myn
gymod yn gyntaf â'th frawd, ac yna tyrd a
chyflwyno dy offrwm.

Iesu   Os bydd rhywun yn dy gymryd i'r llys, bydd barod i
ddod i gytundeb buan tra byddwch ar y ffordd yno,
rhag i'th wrthwynebydd dy draddodi i'r barnwr, ac
i'r barnwr dy roi i'r swyddog, ac i ti gael dy fwrw i
garchar. Yn wir, rwy'n dweud wrthyt, ni ddoi di byth
allan oddi yno cyn talu'n ôl y geiniog olaf

Dysgeidiaeth Iesu ar Odineb ac Ysgariad
Mathew 5: 27-32

Iesu   Clywsoch fel y dywedwyd,

Rabbi   Na odineba.

Iesu   Ond rwyf fi'n dweud wrthych fod pob un sy'n edrych mewn blys ar wraig, eisoes wedi cyflawni godineb â hi yn ei galon. Os yw dy lygad dde yn achos cwymp iti, tyn ef allan a'i daflu oddi wrthyt; y mae'n fwy buddiol iti golli un o'th aelodau na bod dy gorff cyfan yn cael ei daflu i uffern. Ac os yw dy law dde yn achos cwymp iti, tor hi ymaith a'i thaflu oddi wrthyt; y mae'n fwy buddiol iti golli un o'th aelodau na bod dy gorff cyfan yn mynd i uffern.

Dywedwyd hefyd,

Rabbi   Pwy bynnag sy'n ysgaru ei wraig, rhodded iddi lythyr ysgar.

Iesu   Ond rwyf fi'n dweud wrthych fod pob un sy'n ysgaru ei wraig, ar wahân i achos o anffyddlondeb, yn peri iddi hi odinebu, ac y mae'r sawl sy'n priodi gwraig a ysgarwyd yn godinebu.

Dysgeidiaeth Iesu ar Ddial, a Charu Gelynion
Mathew 5: 38–42

Iesu   Clywsoch fel y dywedwyd,

Rabbi   Llygad am lygad, a dant am ddant.

Iesu   Ond rwyf fi'n dweud wrthych: peidiwch â gwrthsefyll y sawl sy'n gwneud drwg i chwi. Os bydd rhywun yn dy daro ar dy foch dde,

Disgybl   tro'r llall ato hefyd.

Iesu   Ac os bydd rhywun am fynd â thi i gyfraith a chymryd dy grys,

Disgyblion   gad iddo gael dy fantell hefyd.

Iesu   Ac os bydd rhywun yn dy orfodi i'w ddanfon am un cilomedr,

Disgyblion   dos gydag ef ddau.

Iesu   Rho i'r sawl sy'n gofyn gennyt, a phaid â throi i ffwrdd oddi wrth y sawl sydd am fenthyca gennyt.

Dysgeidiaeth Iesu ar Ddial, a Charu Gelynion
Luc 6 : 27–36

Iesu Ond wrthych chwi sy'n gwrando rwy'n dweud: carwch eich gelynion,

Disgyblion a gwnewch ddaioni i'r rhai sy'n eich casáu.

Iesu
Disgyblion Bendithiwch y rhai sy'n eich melltithio, gweddïwch dros y rhai sy'n eich camdrin.

Iesu Pan fydd rhywun yn dy daro di ar dy foch,

Disgyblion cynigia'r llall iddo hefyd.

Iesu Pan fydd un yn cymryd dy fantell,

Disgyblion paid â'i rwystro rhag cymryd dy grys hefyd.

Iesu Rho i bawb sy'n gofyn gennyt,

Disgyblion ac os bydd rhywun yn cymryd dy eiddo, paid â gofyn amdano'n ôl.

Iesu Fel y dymunwch i eraill wneud i chwi, gwnewch chwithau yr un fath iddynt hwy.
Os ydych yn caru'r rhai sy'n eich caru chwi, pa ddiolch fydd i chwi?

Disgyblion Y mae hyd yn oed y pechaduriaid yn caru'r rhai sy'n eu caru hwy.

Iesu Ac os gwnewch ddaioni i'r rhai sy'n gwneud daioni i chwi, pa ddiolch fydd i chwi?

Disgyblion Y mae hyd yn oed y pechaduriaid yn gwneud cymaint â hynny.

Iesu Os rhowch fenthyg i'r rhai yr ydych yn disgwyl derbyn ganddynt, pa ddiolch fydd i chwi?

Disgyblion Y mae hyd yn oed bechaduriaid yn rhoi benthyg i bechaduriaid dim ond iddynt gael yr un faint yn ôl.

Iesu Nage, carwch eich gelynion a gwnewch ddaioni a rhowch fenthyg heb ddisgwyl dim yn ôl. Bydd eich gwobr yn fawr a byddwch yn blant y Goruchaf, oherwydd y mae ef yn garedig wrth yr anniolchgar a'r drygionus.

Byddwch yn drugarog fel y mae eich Tad yn drugarog.

Dysgeidiaeth Iesu ar Weddi ac Ymprydio
Mathew 6: 5–18

Iesu A phan fyddwch yn gweddïo, peidiwch â bod fel y rhagrithwyr; oherwydd y maent hwy'n hoffi gweddïo ar eu sefyll yn y synagogau ac ar gonglau'r heolydd, er mwyn cael eu gweld gan eraill. Yn wir, rwy'n dweud wrthych, y mae eu gwobr ganddynt eisoes. Ond pan fyddi di'n gweddïo, dos i mewn i'th ystafell, ac wedi cau dy ddrws gweddïa ar dy Dad sydd yn y dirgel, a bydd dy Dad sydd yn gweld yn y dirgel yn dy wobrwyo.

Ac wrth weddïo, peidiwch â phentyrru geiriau fel y mae'r Cenhedloedd yn gwneud; y maent hwy'n tybied y cânt eu gwrando am eu haml eiriau. Peidiwch felly â bod yn debyg iddynt hwy, oherwydd y mae eich Tad yn gwybod cyn i chwi ofyn beth yw eich anghenion. Felly, gweddïwch chwi fel hyn:

Arweinydd Ein Tad yn y nefoedd,

Pobl Sancteiddier dy enw;

Arweinydd Deled dy deyrnas;

Pobl Gwneler dy ewyllys, ar y ddaear fel yn y nef.
Dyro inni heddiw ein bara beunyddiol.

Arweinydd A maddau inni ein troseddau,

Pobl Fel yr ŷm ni wedi maddau i'r rhai a droseddodd yn ein herbyn.

Arweinydd A phaid â'n dwyn i brawf,

Pobl Ond gwared ni rhag yr Un drwg
Oherwydd eiddot ti yw'r deyrnas a'r gallu a'r
gogoniant am byth. Amen.

Iesu Oherwydd os maddeuwch i eraill eu camweddau,
bydd eich Tad nefol hefyd yn maddau i chwi. Ond
os na faddeuwch i eraill eu camweddau, ni fydd
eich Tad chwaith yn maddau eich camweddau
chwi.

A phan fyddwch yn ymprydio, peidiwch â bod yn
wynepdrist fel y rhagrithwyr; y maent hwy'n
anffurfio eu hwynebau er mwyn i eraill gael gweld
eu bod yn ymprydio. Yn wir, 'rwy'n dweud wrthych,
y mae eu gwobr ganddynt eisoes.

Ond pan fyddi di'n ymprydio, eneinia dy ben a
golch dy wyneb, fel nad pobl a gaiff weld dy fod yn
ymprydio, ond yn hytrach dy Dad sydd yn y dirgel;
a bydd dy Dad, sydd yn gweld yn y dirgel, yn dy
wobrwyo.

Duw a Mamon, Gofal a Phryder
Mathew 6:24-34

Iesu   Ni all neb wasanaethu dau feistr; oherwydd bydd un ai'n casáu'r naill ac yn caru'r llall, neu'n deyrngar i'r naill ac yn dirmygu'r llall. Ni allwch wasanaethu Duw a Mamon.

Am hynny rwy'n dweud wrthych, peidiwch â phryderu am eich bywyd, beth i'w fwyta na'i yfed, nac am eich corff, beth i'w wisgo; onid oes rhagor i fywyd rhywun na bwyd, a mwy i'w gorff na dillad? Edrychwch ar adar yr awyr: nid ydynt yn hau nac yn medi nac yn casglu i ysguboriau, ac eto y mae eich Tad nefol yn eu bwydo. Onid ydych chwi yn llawer mwy gwerthfawr na hwy?

Prun ohonoch a all ychwanegu un funud at ei oes trwy bryderu? A pham yr ydych yn pryderu am ddillad? Ystyriwch lili'r maes, pa fodd y maent yn tyfu; nid ydynt yn llafurio nac yn nyddu. Ond rwy'n dweud wrthych, nid oedd gan hyd yn oed Solomon yn ei holl ogoniant wisg i'w chymharu ag un o'r rhain. Os yw Duw yn dilladu felly laswellt y maes, sydd yno heddiw ac yfory yn cael ei daflu i'r ffwrn, onid llawer mwy y dillada chwi, chwi o ychydig ffydd? Peidiwch felly â phryderu a dweud,

Person 1   Beth yr ydym i'w fwyta?

Person 2   Beth yr ydym i'w yfed?

Person 3   Beth yr ydym i'w wisgo?

Iesu   Dyna'r holl bethau y mae'r Cenhedloedd yn eu ceisio; y mae eich Tad nefol yn gwybod fod arnoch angen y rhain i gyd. Ond ceisiwch yn gyntaf deyrnas Dduw a'i gyfiawnder ef, a rhoir y pethau hyn i gyd yn ychwaneg i chwi. Peidiwch felly â phryderu am yfory, oherwydd bydd gan yfory ei bryder ei hun. Digon i'r diwrnod ei drafferth ei hun.

Barnu Eraill
Mathew 7:1–6

Iesu   Peidiwch â barnu, rhag ichwi gael eich barnu; oherwydd fel y byddwch chwi'n barnu y cewch chwithau eich barnu, ac â'r mesur a rowch y rhoir i chwithau. Pam yr wyt yn edrych ar y brycheuyn sydd yn llygad dy gyfaill, a thithau heb sylwi ar y trawst sydd yn dy lygad dy hun? Neu sut y dywedi wrth dy frawd,

Person   Gad imi dynnu allan y brycheuyn o'th lygad di,

Iesu   a dyna drawst yn dy lygad dy hun? Ragrithiwr! yn gyntaf tyn y trawst allan o'th lygad dy hun, ac yna fe weli yn ddigon eglur i dynnu'r brycheuyn o lygad dy gyfaill. Peidiwch â rhoi'r hyn sy'n sanctaidd i'r cŵn, na thaflu eich perlau o flaen y moch, rhag iddynt eu sathru dan eu traed, a throi arnoch a'ch rhwygo.

Nid Adnabûm Erioed Mohonoch
Mathew 7: 21–23

Iesu Nid pawb sy'n dweud wrthyf,

Person 1 Arglwydd!

Person 2 Arglwydd!

Iesu fydd yn mynd i mewn i deyrnas nefoedd, ond y sawl sy'n gwneud ewyllys fy Nhad, yr hwn sydd yn y nefoedd. Bydd llawer yn dweud wrthyf yn y dydd hwnnw,

Person 1 Arglwydd!

Person 2 Arglwydd!

Person 1 oni fuom yn proffwydo yn dy enw di?

Person 2 ac yn dy enw di yn bwrw allan gythreuliaid?

Person 1 ac yn dy enw di yn cyflawni gwyrthiau lawer?

Iesu Ac yna dywedaf wrthynt yn eu hwynebau, 'Nid adnabûm erioed mohonoch; ewch ymaith oddi wrthyf, chwi ddrwgweithredwyr.'

Y Ddwy Sylfaen
Mathew 7: 24–29

Llais 1 Pob un felly sy'n gwrando ar y geiriau hyn o'r eiddof ac yn eu gwneud, fe'i cyffelybir i un call, a adeiladodd ei dŷ ar y graig.

Llais 2 Disgynnodd y glaw a daeth y llifogydd, a chwythodd y gwyntoedd a tharo yn erbyn y tŷ hwnnw, ond ni syrthiodd, am ei fod wedi ei sylfaenu ar y graig.

Llais 1 A phob un sy'n gwrando ar y geiriau hyn o'r eiddof a heb eu gwneud, fe'i cyffelybir i un ffôl, a adeiladodd ei dŷ ar y tywod.

Llais 2 A disgynnodd y glaw a daeth y llifogydd, a chwythodd y gwyntoedd a tharo yn erbyn y tŷ hwnnw, ac fe syrthiodd, a dirfawr oedd ei gwymp.

Llefarydd Pan orffennodd Iesu lefaru'r geiriau hyn, synnodd y tyrfaoedd at yr hyn yr oedd yn ei ddysgu; oherwydd yr oedd yn eu dysgu fel un ag awdurdod ganddo, ac nid fel eu hysgrifenyddion.

Dameg yr Heuwr
Marc 4: 1–20

Llefarydd   Dechreuodd ddysgu eto ar lan y môr. A daeth tyrfa mor fawr ynghyd ato nes iddo fynd ac eistedd mewn cwch ar y môr; ac yr oedd yr holl dyrfa ar y tir wrth ymyl y môr. Yr oedd yn dysgu llawer iddynt ar ddamhegion, ac wrth eu dysgu meddai:

Iesu   Gwrandewch! Aeth heuwr allan i hau. Ac wrth iddo hau, syrthiodd peth had ar hyd y llwybr, a daeth yr adar a'i fwyta. Syrthiodd peth arall ar dir creigiog lle ni chafodd fawr o bridd, a thyfodd yn gyflym am nad oedd iddo ddyfnder daear; a phan gododd yr haul fe'i llosgwyd, ac am nad oedd iddo wreiddyn fe wywodd. Syrthiodd peth arall ymhlith y drain, a thyfodd y drain a'i dagu, ac ni roddodd ffrwyth. A syrthiodd hadau eraill ar dir da, a chan dyfu a chynyddu yr oeddent yn ffrwytho ac yn cnydio hyd ddeg ar hugain a hyd drigain a hyd ganwaith cymaint.

Llefarydd   Ac meddai,

Iesu   Y sawl sydd â chlustiau i wrando, gwrandawed.

Llefarydd   Pan oedd wrtho'i hun, dechreuodd y rhai oedd o'i gwmpas gyda'r Deuddeg ei holi am y damhegion. Ac meddai wrthynt,

Iesu   I chwi y mae cyfrinach teyrnas Dduw wedi ei rhoi; ond i'r rheini sydd oddi allan y mae popeth ar ddamhegion, fel,
'er edrych ac edrych, na welant,
ac er clywed a chlywed, na ddeallant,
rhag iddynt droi'n ôl a derbyn maddeuant.'

Llefarydd   Ac meddai wrthynt,

Iesu   Onid ydych yn deall y ddameg hon? Sut ynteu yr ydych yn mynd i ddeall yr holl ddamhegion? Y mae'r heuwr yn hau y gair. Dyma'r rhai ar hyd y llwybr lle'r heuir y gair: cyn gynted ag y clywant, daw Satan ar unwaith a chipio'r gair sydd wedi ei hau ynddynt.

A dyma'r rhai sy'n derbyn yr had ar dir creigiog: pan glywant hwy'r gair, derbyniant ef ar eu hunion yn llawen; ond nid oes ganddynt wreiddyn ynddynt eu hunain, a thros dro y maent yn para. Yna pan ddaw gorthrymder neu erlid o achos y gair, fe gwympant ar unwaith.

Ac y mae eraill sy'n derbyn yr had ymhlith y drain: dyma'r rhai sydd wedi clywed y gair, ond y mae gofalon y byd hwn a hudoliaeth golud a chwantau am bopeth o'r fath yn dod i mewn ac yn tagu'r gair, ac y mae'n mynd yn ddiffrwyth.

A dyma'r rheini a dderbyniodd yr had ar dir da: y maent hwy'n clywed y gair ac yn ei groesawu, ac yn dwyn ffrwyth hyd ddeg ar hugain a hyd drigain a hyd ganwaith cymaint.

Dameg yr Efrau ymysg yr ŷd
Mathew 13: 24–30, 36–43

Llefarydd Cyflwynodd Iesu ddameg arall iddynt:

Iesu Y mae teyrnas nefoedd yn debyg i ddyn a heuodd had da yn ei faes. Ond pan oedd pawb yn cysgu, daeth ei elyn a hau efrau ymysg yr ŷd a mynd ymaith. Pan eginodd y cnwd a dwyn ffrwyth, yna ymddangosodd yr efrau hefyd. Daeth gweision gŵr y tŷ a dweud wrtho,

Gwas Syr, onid had da a heuaist yn dy faes? O ble felly y daeth efrau iddo?

Meistr Gelyn a wnaeth hyn.

Iesu Meddai'r meistr. Meddai'r gweision wrtho,

Gwas A wyt am i ni fynd allan a chasglu'r efrau?

Meistr Na,wrth gasglu'r efrau fe allwch ddiwreiddio'r ŷd gyda hwy. Gadewch i'r ddau dyfu gyda'i gilydd hyd y cynhaeaf, ac yn amser y cynhaeaf dywedaf wrth y medelwyr, 'Casglwch yr efrau yn gyntaf, a rhwymwch hwy'n sypynnau i'w llosgi, ond crynhowch yr ŷd i'm hysbubor.

Llefarydd Yna, wedi gollwng y tyrfaoedd, daeth i'r tŷ. A daeth ei ddisgyblion ato a dweud,

Disgybl Eglura i ni ddameg yr efrau yn y maes.

Llefarydd Dywedodd yntau,

Iesu   Yr un sy'n hau'r had da yw Mab y Dyn. Y maes yw'r byd. Yr had da yw plant y deyrnas; yr efrau yw plant yr Un drwg, a'r gelyn a'u heuodd yw'r diafol; y cynhaeaf yw diwedd amser, a'r medelwyr yw'r angylion.

Yn union fel y cesglir yr efrau a'u llosgi yn y tân, felly y bydd yn niwedd amser. Bydd Mab y Dyn yn anfon ei angylion, a byddant yn casglu allan o'i deyrnas ef bopeth sy'n peri tramgwydd, a'r rhai sy'n gwneud anghyfraith, a byddant yn eu taflu i'r ffwrnais danllyd; bydd yno wylo a rhincian dannedd.Yna bydd y rhai cyfiawn yn disgleirio fel yr haul yn nheyrnas eu Tad. Yr hwn sydd â chlustiau ganddo, gwrandawed.

DAMHEGION Y DEYRNAS

Hedyn Mwstard a'r Lefain
Mathew 13: 31–33
Trysor, Perlau, Rhwyd
Mathew 13:44–50
Arfer damhegion. Mathew 13: 34–35

Llefarydd A dyma ddameg arall a gyflwynodd iddynt: dameg yr hedyn mwstard.

Iesu Y mae teyrnas nefoedd yn debyg i hedyn mwstard, a gymerodd rhywun a'i hau yn ei faes. Dyma'r lleiaf o'r holl hadau, ond wedi iddo dyfu, ef yw'r mwyaf o'r holl lysiau, a daw yn goeden, fel bod adar yr awyr yn dod ac yn nythu yn ei changhennau.

Llefarydd Llefarodd ddameg arall wrthynt: dameg y lefain.

Iesu Y mae teyrnas nefoedd yn debyg i lefain; y mae gwraig yn ei gymryd, ac yn ei gymysgu â thri mesur o flawd gwenith, nes lefeinio'r cwbl.

Llefarydd Dyma ddameg arall: dameg y trysor cuddiedig.

Iesu Y mae teyrnas nefoedd yn debyg i drysor wedi ei guddio mewn maes; pan ddaeth rhywun o hyd iddo, fe'i cuddiodd, ac yn ei lawenydd y mae'n mynd ac yn gwerthu'r cwbl sydd ganddo, ac yn prynu'r maes hwnnw.

Llefarydd Dyma ddameg arall: dameg y perl.

Iesu   Eto y mae teyrnas nefoedd yn debyg i fasnachwr sy'n chwilio am berlau gwych. Wedi iddo ddarganfod un perl gwerthfawr, aeth i ffwrdd a gwerthu'r cwbl oedd ganddo, a'i brynu.

Llefarydd   Ac yn olaf, dameg y rhwyd.

Iesu   Eto y mae teyrnas nefoedd yn debyg i rwyd a fwriwyd i'r môr ac a ddaliodd bysgod o bob math. Pan oedd yn llawn, tynnodd dynion hi i'r lan ac eistedd i lawr a chasglu'r rhai da i lestri a thaflu'r rhai gwael i ffwrdd.

Felly y bydd yn niwedd y byd; bydd yr angylion yn mynd allan ac yn gwahanu'r drwg o blith y cyfiawn, ac yn eu taflu i'r ffwrnais danllyd; bydd yno wylo a rhincian dannedd.

Llefarydd   Gofynnodd Iesu iddynt:

Iesu   A ydych wedi deall yr holl bethau hyn?

Disgyblion   Ydym.

Iesu   Am hynny, y mae pob ysgrifennydd a ddaeth yn ddisgybl yn nheyrnas nefoedd yn debyg i berchen tŷ sydd yn dwyn allan o'i drysorfa bethau newydd a hen.

Llefarydd   Dywedodd Iesu'r holl bethau hyn ar ddamhegion wrth y tyrfaoedd: heb ddameg ni fyddai'n llefaru dim wrthynt, fel y cyflawnid y gair a lefarwyd trwy'r proffwyd

Proffwyd   Agoraf fy ngenau ar ddamhegion.
Traethaf bethau sy'n guddiedig er seiliad y byd.

Dameg y Samariad Trugarog
Luc 10: 25-37

Llefarydd   Dyma un o athrawon y Gyfraith yn codi i roi prawf arno, gan ddweud,

Cyfreithiwr   Athro, beth a wnaf i etifeddu bywyd tragwyddol?

Iesu   Beth sy'n ysgrifenedig yn y Gyfraith? Beth a ddarlleni di yno?

Llefarydd   Meddai ef wrtho. Atebodd yntau,

Cyfreithiwr   Câr yr Arglwydd dy Dduw â'th holl galon ac â'th holl enaid ac â'th holl nerth ac â'th holl feddwl, a châr dy gymydog fel ti dy hun.

Iesu   Atebaist yn gywir; gwna hynny, a byw fyddi.

Llefarydd   Ond yr oedd am ei gyfiawnhau ei hun, ac meddai wrth Iesu,

Cyfreithiwr   A phwy yw fy nghymydog?

Iesu   Yr oedd rhyw ddyn yn mynd i lawr o Jerwsalem i Jericho, a syrthiodd i blith lladron. Wedi tynnu ei ddillad oddi amdano a'i guro, aethant ymaith, a'i adael yn hanner marw. Fel y digwyddodd, yr oedd offeiriad yn mynd i lawr ar hyd y ffordd honno; pan welodd ef, aeth heibio o'r ochr arall.

Yr un modd daeth Lefiad hefyd at y man; gwelodd ef, ac aeth heibio o'r ochr arall.

Ond daeth teithiwr o Samariad ato; pan welodd hwn ef, tosturiodd wrtho. Aeth ato a rhwymo ei

glwyfau, gan arllwys olew a gwin arnynt;
gosododd ef ar ei anifail ei hun, a'i arwain i lety, a
gofalu amdano. Trannoeth tynnodd ddau ddarn
arian allan a'u rhoi i'r gwesteiwr, gan ddweud,

Samariad   Gofala amdano. Os byddi wedi gwario rhywbeth
dros ben, fe dalaf fi yn ôl iti pan ddychwelaf.

Iesu   Prun o'r tri hyn, dybi di, fu'n gymydog i'r dyn a
syrthiodd i blith lladron?

Cyfreithiwr   Yr un a gymerodd drugaredd arno.

Llefarydd   Ac meddai Iesu wrtho,

Iesu   Dos, a gwna dithau yr un modd.

Dameg y Ddafad Golledig
Dameg y Darn Arian Colledig
Luc 15: 1–10

Llefarydd   Yr oedd yr holl gasglwyr trethi a'r pechaduriaid yn nesáu ato i wrando arno. Ond yr oedd y Phariseaid a'r ysgrifenyddion yn grwgnach ymhlith ei gilydd, gan ddweud,

Pharisead   Y mae hwn yn croesawu pechaduriaid ac yn cydfwyta â hwy.

Llefarydd   A dywedodd y ddameg hon wrthynt:

Iesu   Bwriwch fod gan un ohonoch chwi gant o ddefaid, a digwydd iddo golli un ohonynt; onid yw'n gadael y naw deg a naw yn yr anialdir ac yn mynd ar ôl y ddafad golledig nes dod o hyd iddi? Wedi dod o hyd iddi y mae'n ei gosod ar ei ysgwyddau yn llawen, yn mynd adref, ac yn gwahodd ei gyfeillion a'i gymdogion ynghyd, gan ddweud wrthynt,

Bugail   Llawenhewch gyda mi, oherwydd yr wyf wedi cael hyd i'm dafad golledig.

Iesu   Rwy'n dweud wrthych, yr un modd bydd mwy o lawenydd yn y nef am un pechadur sy'n edifarhau nag am naw deg a naw o rai cyfiawn nad oes arnynt angen edifeirwch.

Neu bwriwch fod gan wraig ddeg darn arian, a digwydd iddi golli un darn; onid yw hi'n cynnau cannwyll ac yn ysgubo'r tŷ ac yn chwilio'n ddyfal nes dod o hyd iddo? Ac wedi dod o hyd iddo, y mae'n gwahodd ei chyfeillesau a'i chymdogion ynghyd, gan ddweud,

Gwraig   Llawenhewch gyda mi, oherwydd yr wyf wedi cael hyd i'r darn arian a gollais.

Iesu   Yr un modd, rwy'n dweud wrthych, y mae llawenydd ymhlith angylion Duw am un pechadur sy'n edifarhau.

Dameg y Mab Colledig
Luc 15: 11–32

Llefarydd   Ac meddai,

Iesu   Yr oedd dyn a chanddo ddau fab. Dywedodd yr ieuengaf ohonynt wrth ei dad,

Mab ieuengaf   Fy nhad, dyro imi'r gyfran o'th ystad sydd i ddod imi.

Iesu   A rhannodd yntau ei eiddo rhyngddynt. Ychydig ddyddiau yn ddiweddarach, wedi newid y cwbl am arian, ymfudodd y mab ieuengaf i wlad bell, ac yno gwastraffodd ei eiddo ar fyw'n afradlon. Pan oedd wedi gwario'r cyfan, daeth newyn enbyd ar y wlad honno, a dechreuodd yntau fod mewn eisiau.

Aeth ac ymlynu wrth un o ddinasyddion y wlad, ac anfonodd hwnnw ef i'w gaeau i ofalu am y moch. Buasai'n falch o wneud pryd o'r plisg yr oedd y moch yn eu bwyta; ond nid oedd neb yn cynnig dim iddo. Yna daeth ato'i hun a dweud,

Mab Ieuengaf   Faint o weision cyflog sydd gan fy nhad, a phob un ohonynt yn cael mwy na digon o fara, a minnau yma yn marw o newyn? Fe godaf, ac fe af at fy nhad, a dweud wrtho, 'Fy nhad, pechais yn erbyn y nef ac yn dy erbyn di. Nid wyf mwyach yn haeddu fy ngalw'n fab iti; cymer fi fel un o'th weision cyflog.

Iesu   Yna cododd a mynd at ei dad. A phan oedd eto ymhell i ffwrdd, gwelodd ei dad ef. Tosturiodd wrtho, rhedodd ato, a rhoes ei freichiau am ei wddf, a'i gusanu. Ac meddai ei fab wrtho,

Mab ieuengaf   Fy nhad, pechais yn erbyn y nef ac yn dy erbyn di. Nid wyf mwyach yn haeddu fy ngalw'n fab iti.

Iesu   Ond meddai ei dad wrth ei weision,

Tad   Brysiwch! Dewch â gwisg allan, yr orau, a'i gosod amdano. Rhowch fodrwy ar ei fys a sandalau am ei draed. Dewch â'r llo sydd wedi ei besgi, a lladdwch ef. Gadewch inni wledda a llawenhau, oherwydd yr oedd hwn, fy mab, wedi marw, a daeth yn fyw eto; yr oedd ar goll, a chafwyd hyd iddo.

Iesu   Yna dechreuasant wledda yn llawen. Yr oedd ei fab hynaf yn y caeau. Pan nesaodd at y tŷ ar ei ffordd adref, clywodd sŵn cerddoriaeth a dawnsio. Galwodd un o'r gweision ato a gofyn beth oedd ystyr hyn.

Gwas   Dy frawd sydd wedi dychwelyd, ac am iddo ei gael yn ôl yn holliach, y mae dy dad wedi lladd y llo oedd wedi ei besgi.

Iesu   Digiodd ef, a gwrthod mynd i mewn. Daeth ei dad allan a'i gymell yn daer i'r tŷ, ond atebodd ef,

Mab hynaf   Yr holl flynyddoedd hyn bûm yn was bach iti, heb anufuddhau erioed i'th orchymyn. Ni roddaist erioed i mi gymaint â myn gafr, imi gael gwledda gyda'm cyfeillion. Ond pan ddychwelodd hwn, dy fab sydd wedi difa dy eiddo gyda phuteiniaid, lleddaist iddo ef y llo oedd wedi ei besgi.

Iesu   Meddai'r tad wrtho

Tad   Fy mhlentyn, yr wyt ti bob amser gyda mi, ac y mae'r cwbl sydd gennyf yn eiddo i ti. Yr oedd yn rhaid gwledda a llawenhau, oherwydd yr oedd hwn, dy frawd, wedi marw, a daeth yn fyw; yr oedd ar goll, a chafwyd hyd iddo.

Dameg y Deg Geneth
Mathew 25: 1–13

Iesu Y pryd hwnnw bydd teyrnas nefoedd yn debyg i ddeg o enethod a gymerodd eu lampau a mynd allan i gyfarfod â'r priodfab. Yr oedd pump ohonynt yn ffôl a phump yn gall. Cymerodd y rhai ffôl eu lampau ond heb gymryd olew gyda hwy, ond cymerodd y rhai call, gyda'u lampau, olew mewn llestri. Gan fod y priodfab yn hwyr yn dod aethant i gyd i hepian a chysgu. Ac ar ganol nos daeth gwaedd:

Llais Dyma'r priodfab, ewch allan i'w gyfarfod.

Iesu Yna cododd y genethod hynny i gyd a pharatoi eu lampau. Dywedodd y rhai ffôl wrth y rhai call,

Geneth ffôl Rhowch i ni beth o'ch olew, oherwydd y mae'n lampau ni yn diffodd.

Geneth gall Na yn wir, ni fydd digon i ni ac i chwithau. Gwell i chi fynd at y gwerthwyr a phrynu peth i chwi eich hunain.

Iesu A thra oeddent yn mynd i brynu'r olew, cyrhaeddodd y priodfab, ac aeth y rhai oedd yn barod i mewn gydag ef i'w wledd briodas, a chlowyd y drws. Yn ddiweddarach dyma'r genethod eraill yn dod ac yn dweud,

Geneth ffôl Syr, syr, agor y drws i ni.

Priodfab Yn wir, 'rwy'n dweud wrthych, nid wyf yn eich adnabod.

Iesu Byddwch wyliadwrus gan hynny, oherwydd ni wyddoch na'r dydd na'r awr.

Dameg y Codau Arian
Mathew 25: 14-30

Iesu   Y mae (teyrnas nefoedd) fel dyn a oedd yn mynd oddi cartref ac a alwodd ei weision a rhoi ei eiddo yn eu gofal. I un rhoddodd bum cod o arian, i un arall ddwy, i un arall un, i bob un yn ôl ei allu, ac fe aeth oddi cartref.

Ar unwaith aeth yr un a dderbyniodd bum cod a masnachu â hwy, ac fe enillodd atynt bump arall. Felly hefyd enillodd yr un a gafodd ddwy god ddwy arall atynt. Ond y sawl a dderbyniodd un god, aeth ef ymaith a chloddio twll yn y ddaear a chuddio arian ei feistr.

Ymhen cryn dipyn o amser daeth meistr y gweision hynny yn ôl ac fe adolygodd eu cyfrifon hwy. Daeth yr un a dderbyniodd bum cod a chyflwyno iddo bump arall.

Gwas 1   Meistr, rhoddaist bum cod o arian yn fy ngofal; dyma'r bum cod arall a enillais i atynt.

Meistr   Ardderchog, fy ngwas da a ffyddlon, buost yn ffyddlon wrth ofalu am ychydig, fe osodaf lawer yn dy ofal; tyrd i ymuno yn llawenydd dy feistr.

Iesu   Yna daeth yr un â'r ddwy god, a dywedodd,

Gwas 2   Meistr, rhoddaist ddwy god o arian yn fy ngofal; dyma ddwy god arall a enillais i atynt.

Meistr   Ardderchog, fy ngwas da a ffyddlon; buost yn ffyddlon wrth ofalu am ychydig, fe osodaf lawer yn dy ofal; tyrd i ymuno yn llawenydd dy feistr.

Iesu   Yna daeth yr un oedd wedi derbyn un god, a dywedodd,

Gwas 3   Meistr, gwyddwn dy fod yn ddyn caled, yn medi lle heuodd eraill ac yn casglu lle gwasgarodd eraill. Yn fy ofn euthum a chuddio dy god o arian yn y ddaear. Dyma i ti dy eiddo yn ôl.

Iesu   Atebodd ei feistr ef,

Meistr   Y gwas drwg a diog, yr oeddit yn gwybod, meddi, fy mod yn medi lle heuodd eraill ac yn casglu lle gwasgarodd eraill. Dylit felly fod wedi gosod fy arian yn y banc, a buasai fy eiddo wedi ennill llog erbyn i mi ddod i'w hawlio.

              Felly, cymerwch y god o arian oddi arno a rhowch hi i'r un a chanddo ddeg cod. Oherwydd i bawb y mae ganddo y rhoddir, a bydd ar ben ei ddigon, ond oddi ar yr hwn nad oes ganddo fe gymerir hyd yn oed hynny sydd ganddo. A bwriwch y gwas diwerth i'r tywyllwch eithaf; bydd yno wylo a rhincian dannedd.

Barnu'r Cenhedloedd
Mathew 25: 31–46

Iesu Pan ddaw Mab y Dyn yn ei ogoniant, a'r holl angylion gydag ef, yna bydd yn eistedd ar orsedd ei ogoniant. Fe gesglir yr holl genhedloedd ger ei fron, a bydd ef yn eu didoli oddi wrth ei gilydd, fel y mae'r bugail yn didoli'r defaid oddi wrth y geifr, ac fe esyd y defaid ar ei law dde, a'r geifr ar y chwith. Yna fe ddywed y Brenin wrth y rhai ar y dde iddo,

Brenin Dewch, chwi sydd dan fendith fy Nhad, i etifeddu'r deyrnas a baratowyd ichwi er seiliad y byd. Oherwydd bûm yn newynog a rhoesoch fwyd imi, bûm yn sychedig a rhoesoch ddiod imi, bûm yn ddieithr a chymerasoch fi i'ch cartref; bûm yn noeth a rhoesoch ddillad amdanaf, bûm yn glaf ac ymwelsoch â mi, bûm yng ngharchar a daethoch ataf.

Iesu Yna bydd y rhai cyfiawn yn ei ateb,

Cyfiawn 1 Arglwydd, pryd y'th welsom di'n newynog a'th borthi,

Cyfiawn 2 yn sychedig a rhoi diod iti?

Cyfiawn 1 A phryd y'th welsom yn ddieithr a'th gymryd i'n cartref, neu'n noeth a rhoi dillad amdanat?

Cyfiawn 2 Pryd y'th welsom di'n glaf neu yng ngharchar ac ymweld â thi?

Iesu A bydd y Brenin yn eu hateb,

Brenin Yn wir, 'rwy'n dweud wrthych, yn gymaint ag ichwi ei wneud i un o'r lleiaf o'r rhain, fy mghymrodyr, i mi y gwnaethoch.

Iesu Yna fe ddywed wrth y rhai ar y chwith,

Brenin Ewch oddi wrthyf, chwi sydd dan felltith, i'r tân tragwyddol a baratowyd i'r diafol a'i angylion. Bûm yn newynog ac ni roesoch fwyd imi, bûm yn sychedig ac ni roesoch ddiod imi; bûm yn ddieithr ac ni chymerasoch fi i'ch cartref, yn noeth ac ni roesoch ddillad amdanaf, yn glaf ac yng ngharchar ac nid ymwelsoch â mi.

Iesu Yna atebant hwythau,

Anghyfiawn Arglwydd, pryd y'th welsom di'n newynog neu'n sychedig neu'n ddieithr neu'n noeth neu'n glaf neu yng ngharchar heb weini arnat?

Iesu A bydd ef yn eu hateb,

Brenin Yn wir, 'rwy'n dweud wrthych, yn gymaint ag ichwi beidio â'i wneud i un o'r rhai lleiaf hyn, nis gwnaethoch i minnau chwaith.

Iesu Ac fe â'r rhain ymaith i gosb dragwyddol, ond y rhai cyfiawn i fywyd tragwyddol.

Dameg y Winllan a'r Tenantiaid
Mathew 21: 33–46

Llefarydd Gwrandewch ar ddameg arall.

Iesu Yr oedd rhyw berchen tŷ a blannodd winllan; cododd glawdd o'i hamgylch, a chloddio cafn i'r gwinwryf ynddi, ac adeiladu twr. Gosododd hi i denantiaid, ac aeth oddi cartref. A phan ddaeth amser y cynhaeaf yn agos, anfonodd ei weision at y tenantiaid i dderbyn ei ffrwythau. Daliodd y tenantiaid ei weision; curasant un, a lladd un arall a llabyddio un arall.

Anfonodd drachefn weision eraill, mwy ohonynt na'r rhai cyntaf, a gwnaeth y tenantiaid yr un modd â hwy. Yn y diwedd anfonodd atynt ei fab, gan ddweud,

Perchennog Fe barchant fy mab.

Iesu Ond pan welodd y tenantiaid y mab dywedasant wrth ei gilydd,

Tenantiaid Hwn yw'r etifedd; dewch, lladdwn ef, a meddiannwn ei etifeddiaeth.

Iesu A chymerasant ef, a'i fwrw allan o'r winllan, a'i ladd. Felly pan ddaw perchen y winllan, beth a wna i'r tenantiaid hynny?

Person 1 Fe lwyr ddifetha'r dyhirod,

Person 2 a gosod y winllan i denantiaid eraill, rhai fydd yn rhoi'r ffrwythau iddo yn eu tymhorau.

Iesu   Onid ydych erioed wedi darllen yn yr Ysgrythurau?

Y Salmydd Y maen a wrthododd yr adeiladwyr,
hwn a ddaeth yn faen y gongl;
gan yr Arglwydd y gwnaethpwyd hyn,
ac y mae'n rhyfeddol yn ein golwg ni!?

Iesu   Am hynny 'rwy'n dweud wrthych y cymerir teyrnas
Dduw oddi wrthych chwi, ac fe'i rhoddir i genedl
sy'n dwyn ei ffrwythau hi. A'r sawl sy'n
syrthio ar y maen hwn, fe'i dryllir; pwy bynnag y
syrth y maen arno, fe'i maluria.

Llefarydd Pan glywodd y prif offeiriaid a'r Phariseaid ei
ddamhegion, gwyddent mai amdanynt hwy yr oedd
yn sôn. Yr oeddent yn ceisio ei ddal, ond yr oedd
arnynt ofn y tyrfaoedd, am eu bod yn ei gyfrif ef yn
broffwyd.

Dameg y Wledd Fawr
Luc 14: 15–24

Llefarydd   Dywedodd un o gyd-westeion Iesu wrtho,

Dyn   Gwyn ei fyd pwy bynnag a gaiff gyfran yn y wledd yn nheyrnas Dduw.

Llefarydd   Ond meddai ef wrtho,

Iesu   Yr oedd dyn yn trefnu gwledd fawr. Gwahoddodd lawer o bobl, ac anfonodd ei was ar awr y wledd i ddweud wrth y gwahoddedigion,

Gwas   Dewch, y mae popeth yn barod yn awr.

Iesu   Ond dechreuodd pawb ymesgusodi yn unfryd. Meddai'r cyntaf,

Gwesteiwr 1   Rwyf wedi prynu cae, ac y mae'n rhaid imi fynd allan i gael golwg arno; a wnei di fy esgusodi, os gweli di'n dda?

Iesu   Meddai un arall

Gwesteiwr 2   Rwyf wedi prynu pum pâr o ychen, ac rwyf ar fy ffordd i roi prawf arnynt; a wnei di fy esgusodi, os gweli'n dda?

Iesu   Ac meddai un arall

Gwesteiwr 3   Rwyf newydd briodi, ac am hynny ni allaf ddod.

Iesu   Aeth y gwas at ei feistr a rhoi gwybod iddo. Yna digiodd meistr y tŷ, ac meddai wrth ei was,

Meistr   Dos allan ar unwaith i heolydd a strydoedd cefn y dref, a thyrd â'r tlodion a'r anafusion a'r deillion a'r cloffion i mewn yma.

Iesu   Pan ddywedodd y gwas,

Gwas   Meistr, y mae dy orchymyn wedi ei gyflawni, ond y mae lle o hyd,

Iesu   Meddai ei feistr wrtho,

Meistr   Dos allan i'r ffyrdd a'r cloddiau, a myn ganddynt hwy ddod i mewn, fel y llenwir fy nhŷ; oherwydd 'rwy'n dweud wrthych na chaiff dim un o'r rheini oedd wedi eu gwahodd brofi fy ngwledd.

Iesu'n Iacháu

Gostegu'r Storm
Marc 4 : 35–41

Llefarydd A'r diwrnod hwnnw, gyda'r nos, dywedodd (Iesu) wrthynt,

Iesu Awn drosodd i'r ochr draw.

Llefarydd A gadawsant y dyrfa, a mynd ag ef yn y cwch fel yr oedd; yr oedd cychod eraill hefyd gydag ef. Cododd tymestl fawr o wynt, ac yr oedd y tonnau'n ymdaflu i'r cwch, nes ei fod erbyn hyn yn llenwi. Yr oedd ef yn starn y cwch yn cysgu ar glustog. Deffroesant ef a dweud wrtho,

Disgybl Athro, a wyt ti'n hidio dim ei bod ar ben arnom?

Llefarydd Ac fe ddeffrôdd a cheryddodd y gwynt a dywedodd wrth y môr,

Iesu Bydd ddistaw! Bydd dawel!

Llefarydd Gostegodd y gwynt, a bu tawelwch mawr. A dywedodd wrthynt,

Iesu Pam y mae arnoch ofn? Sut yr ydych heb ffydd o hyd?

Llefarydd Daeth ofn dirfawr arnynt, ac meddent wrth ei gilydd,

Ddisgybl Pwy ynteu yw hwn? Y mae hyd yn oed y gwynt a'r môr yn ufuddhau iddo.

Cerdded ar y Dŵr
Marc 6 : 45–52

Llefarydd 1   Yna'n ddioed gwnaeth i'w ddisgyblion fynd i'r cwch a hwylio o'i flaen i'r ochr draw, i Bethsaida, tra byddai ef yn gollwng y dyrfa. Ac wedi canu'n iach iddynt aeth ymaith i'r mynydd i weddïo.

Llefarydd 2   Pan aeth hi'n hwyr yr oedd y cwch ar ganol y môr, ac yntau ar ei ben ei hun ar y tir. A gwelodd hwy mewn helbul wrth rwyfo, oherwydd yr oedd y gwynt yn eu herbyn, a rhywbryd rhwng tri a chwech o'r gloch y bore daeth ef atynt dan gerdded ar y môr.

Llefarydd 1   Yr oedd ef am fynd heibio iddynt; ond pan welsant ef yn cerdded ar y môr tybiasant mai drychiolaeth ydoedd, a gwaeddasant, oherwydd gwelodd pawb ef, a dychrynwyd hwy.

Llefarydd 2   Siaradodd yntau â hwy ar unwaith a dweud wrthynt,

Iesu   Codwch eich calon; myfi yw; peidiwch ag ofni.

Llefarydd 1   Dringodd i'r cwch atynt, a gostegodd y gwynt. Yr oedd eu syndod yn fawr dros ben, oblegid nid oeddent wedi deall ynglŷn â'r torthau; yr oedd eu meddwl wedi caledu.

Iacháu'r Cleifion yn Genesaret
Marc 6: 53–56

Llefarydd 1 Wedi croesi at y tir daethant i Genesaret ac angori wrth y lan. Pan ddaethant allan o'r cwch, adnabu'r bobl ef ar unwaith, a dyma redeg o amgylch yr holl fro honno a dechrau cludo'r cleifion ar fatresi i ble bynnag y clywent ei fod ef.

Llefarydd 2 A phle bynnag y byddai'n mynd, i bentrefi neu i drefi neu i'r wlad, yr oeddent yn gosod y rhai oedd yn wael yn y marchnadleoedd, ac yn erfyn arno am iddynt gael dim ond cyffwrdd ag ymyl ei fantell. A phawb a gyffyrddodd ag ef, iachawyd hwy.

Iacháu'r Dyn oedd ym meddiant
Cythreuliaid yn Gerasa
Marc 5:5:1–20

Llefarydd 1 Daethant i'r ochr draw i'r môr i wlad y Geraseniaid.
A phan ddaeth allan o'r cwch, ar unwaith daeth i'w
gyfarfod o blith y beddau ddyn ag ysbryd aflan
ynddo. Yr oedd hwn yn cartrefu ymlith y beddau,
ac ni allai neb mwyach ei rwymo hyd yn oed â
chadwyn, oherwydd yr oedd wedi cael ei rwymo'n
fynych â llyffetheiriau ac â chadwynau, ond yr oedd
y cadwynau wedi eu rhwygo ganddo a'r
llyffetheiriau wedi eu dryllio; ac ni fedrai neb ei
ddofi.

Ac yn wastad, nos a dydd, ymhlith y beddau ac ar
y mynyddoedd, byddai'n gwaeddi ac yn ei anfau ei
hun â cherrig.

Llefarydd 2 A phan welodd Iesu o bell, rhedodd a syrthio ar ei
liniau o'i flaen, a gwaeddodd â llais uchel,

Dyn Beth sydd â fynni di â mi, Iesu, Mab y Duw
Goruchaf? Yn enw Duw, paid â'm poenydio.

Llefarydd 2 Oherwydd yr oedd Iesu wedi dweud wrtho,

Iesu Dos allan, ysbryd aflan, o'r dyn.

Llefarydd 2 A gofynnodd iddo,

Iesu Beth yw dy enw?

Dyn Lleng yw fy enw, oherwydd y mae llawer ohonom.

Llefarydd 2 Meddai yntau wrtho, ac yr oedd yn ymbil yn daer
arno beidio â'u gyrru allan o'r wlad.

Llefarydd 1 Yr oedd yno ar lethr y mynydd genfaint fawr o foch yn pori. Ac ymbiliodd yr ysbrydion aflan arno,

Ysbrydion aflan Anfon ni i'r moch; gad i ni fynd i mewn iddynt hwy.

Llefarydd 1 Ac fe ganiataodd iddynt. Aeth yr ysbrydion aflan allan o'r dyn ac i mewn i'r moch; a rhuthrodd y genfaint dros y dibyn i'r môr, tua dwy fil ohonynt, a boddi yn y môr.

Llefarydd 2 Ffodd bugeiliaid y moch ac adrodd yr hanes yn y dref ac yn y wlad, a daeth y bobl i weld beth oedd yn digwydd. Daethant at Iesu a gweld y dyn, hwnnw yr oedd y lleng cythreuliaid wedi bod ynddo, yn eistedd â'i ddillad amdano ac yn ei iawn bwyll; a daeth arnynt ofn.

Llefarydd 1 Adroddwyd wrthynt gan y rhai oedd wedi gweld beth oedd wedi digwydd i'r dyn ym meddiant cythreuliaid, a'r hanes am y moch hefyd. A dechreuasant erfyn arno fynd ymaith o'u gororau.

Llefarydd 2 Ac wrth iddo fynd i mewn i'r cwch, yr oedd y dyn a oedd wedi bod ym meddiant y cythreuliaid yn erfyn arno am gael bod gydag ef. Ni adawodd iddo, ond meddai wrtho,

Iesu Dos adref at dy bobl dy hun a mynega iddynt gymaint y mae'r Arglwydd wedi ei wneud drosot, a'r modd y tosturiodd wrthyt.

Llefarydd 1 Aeth yntau ymaith a dechrau cyhoeddi yn y Decapolis gymaint yr oedd Iesu wedi ei wneud drosto; ac yr oedd pawb yn rhyfeddu.

Iacháu Merch Jairus a'r Wraig
a Gyffyrddodd â Mantell Iesu
Marc 5: 21–43

Llefarydd 1   Wedi i Iesu groesi'n ôl yn y cwch i'r ochr arall, daeth tyrfa fawr ynghyd ato, ac yr oedd ar lan y môr. Daeth un o arweinwyr y synagog, o'r enw Jairus, a phan welodd ef syrthiodd wrth ei draed ac ymbil yn daer arno:

Jairus   Y mae fy merch fach ar fin marw. Tyrd a rho dy ddwylo arni, iddi gael ei gwella a byw.

Llefarydd 2   Aeth Iesu ymaith gydag ef. Yr oedd tyrfa fawr yn ei ganlyn ac yn gwasgu arno. Ac yr oedd yno wraig ac arni waedlif ers deuddeng mlynedd. Yr oedd wedi dioddef yn enbyd dan driniaeth llawer o feddygon, ac wedi gwario'r cwbl oedd ganddi, a heb gael dim lles ond yn hytrach mynd yn waeth. Yr oedd hon wedi clywed am Iesu, a daeth o'r tu ôl iddo yn y dyrfa a chyffwrdd â'i fantell, oherwydd yr oedd hi wedi dweud,

Gwraig   Os cyffyrddaf hyd yn oed â'i ddillad fe, fe gaf fy iacháu.

Llefarydd 1   A sychodd llif ei gwaed hi yn y fan, a daeth hithau i wybod yn ei chorff ei bod wedi ei hiacháu o'i chlwyf. Ac ar unwaith deallodd Iesu ynddo'i hun fod y nerth oedd yn tarddu ynddo wedi mynd allan, a throes ynghanol y dyrfa, a gofyn,

Iesu   Pwy gyffyrddodd â'm dillad?

Llefarydd 1 Meddai ei ddisgyblion wrtho,

Disgybl Yr wyt yn gweld y dyrfa'n gwasgu arnat ac eto'n gofyn, 'Pwy gyffyrddodd â mi?'

Llefarydd 1 Ond daliodd ef i edrych o'i gwmpas i weld yr un oedd wedi gwneud hyn. Daeth y wraig, dan grynu yn ei braw, yn gwybod beth oedd wedi digwydd iddi, a syrthiodd o'i flaen ef a dywedodd wrtho'r holl wir. Dywedodd yntau wrthi hi,

Iesu Ferch, y mae dy ffydd wedi dy iacháu di. Dos mewn tangnefedd, a bydd iach o'th glwyf.

Llefarydd 2 Tra oedd ef yn llefaru, daeth rhywrai o dŷ arweinydd y synagog a dweud,

Negesydd Y mae dy ferch wedi marw; pam yr wyt yn poeni'r Athro bellach?

Llefarydd 2 Ond anwybyddodd Iesu y neges, a dywedodd wrth arweinydd y synagog,

Iesu Paid ag ofni; dim ond credu.

Llefarydd 2 Ac ni adawodd i neb ganlyn gydag ef ond Pedr ac Iago ac Ioan, brawd Iago. Daethant i dŷ arweinydd y synagog, a gwelodd gynnwrf, a phobl yn wylo ac yn dolefain yn uchel. Ac wedi mynd i mewn dywedodd wrthynt

Iesu Pam yr ydych yn llawn cynnwrf ac yn wylo? Nid yw'r plentyn wedi marw, cysgu y mae.

Llefarydd 1 Dechreuasant chwerthin am ei ben. Gyrrodd yntau bawb allan, a chymryd tad y plentyn a'i mam a'r rhai oedd gydag ef, a mynd i mewn lle'r oedd y plentyn. Ac wedi gafael yn llaw'r plentyn dyma fe'n dweud wrthi,

Iesu   Talitha cŵm.

Llefarydd 2 Sy'n golygu "Fy ngeneth, rwy'n dweud wrthyt, cod."
Cododd yr eneth ar unwaith a dechrau cerdded, oherwydd yr oedd yn ddeuddeng mlwydd oed.
A thrawyd hwy yn y fan â syndod mawr.
A rhoddodd ef orchymyn pendant iddynt nad oedd neb i gael gwybod hyn, a dywedodd am roi iddi rywbeth i'w fwyta.

Y Briodas yng Nghana
Ioan 2:1–12

Llefarydd Y trydydd dydd yr oedd priodas yng Nghana Galilea, ac yr oedd mam Iesu yno. Gwahoddwyd Iesu hefyd, a'i ddisgyblion, i'r briodas. Pallodd y gwin, ac meddai mam Iesu wrtho ef,

Mam Iesu Nid oes ganddynt win.

Llefarydd Dywedodd Iesu wrthi,

Iesu Wraig, beth sydd a fynni di â mi? Nid yw f'awr i wedi dod eto.

Llefarydd Dywedodd ei fam wrth y gwasanaethyddion,

Mam Iesu Gwnewch beth bynnag a ddywed wrthych.

Llefarydd Yr oedd yno chwech o lestri carreg i ddal dŵr, wedi eu gosod ar gyfer defod glanhad yr Iddewon, a phob un yn dal ugain neu ddeg ar hugain o alwyni. Dywedodd Iesu wrthynt,

Iesu Llanwch y llestri â dŵr.

Llefarydd A llanwasant hwy hyd yr ymyl. Yna meddai wrthynt,

Iesu Yn awr tynnwch beth allan ac ewch ag ef i lywydd y wledd.

Llefarydd A gwnaethant felly. Profodd llywydd y wledd, a oedd bellach yn win, heb wybod o ble'r oedd wedi dod, er bod y gwasanaethyddion a fu'n tynnu'r dŵr yn gwybod. Yna galwodd llywydd y wledd ar y priodfab ac meddai wrtho,

Llywydd Bydd pawb yn rhoi'r gwin da yn gyntaf, ac yna, pan fydd pobl wedi meddwi, y gwin salach; ond yr wyt ti wedi cadw'r gwin da hyd yn awr.

Llefarydd Gwnaeth Iesu hyn, y cyntaf o'i arwyddion, yng Nghana Galilea; amlygodd felly ei ogoniant, a chredodd ei ddisgyblion ynddo. Wedi hyn aeth ef a'i fam a'i frodyr i lawr i Gapernamum, ac aros yno ychydig ddyddiau.

Porthi'r Pum Mil
Ioan 6: 1–15

Llefarydd Ar ôl hyn aeth Iesu ymaith ar draws Môr Galilea (hynny yw, Môr Tiberias). Ac yr oedd tyrfa fawr yn ei ganlyn, oherwydd yr oeddent wedi gweld yr arwyddion yr oedd wedi eu gwneud ar y cleifion. Aeth Iesu i fyny'r mynydd ac eistedd yno gyda'i ddisgyblion. Yr oedd y Pasg, gŵyl yr Iddewon, yn ymyl. Yna cododd Iesu ei lygaid a gwelodd fod tyrfa fawr yn dod tuag ato, ac meddai wrth Philip,

Iesu Ble y gallwn brynu bara i'r rhain gael bwyta?

Llefarydd Dweud hyn yr oedd i roi prawf arno, oherwydd gwyddai ef ei hun beth yr oedd yn mynd i'w wneud. Atebodd Philip ef,

Philip Ni byddai bara gwerth dau gant o ddarnau arian yn ddigon i roi tamaid bach i bob un ohonynt.

Llefarydd A dyma un o'i ddisgblion, Andreas, brawd Simon Pedr, yn dweud wrtho,

Andreas Y mae bachgen yma a phum torth haidd a dau bysgodyn ganddo, ond beth yw hynny rhwng cynifer?

Iesu Gwnewch i'r bobl eistedd i lawr.

Llefarydd Dywedodd Iesu. Yr oedd llawer o laswellt yn y lle, ac eisteddodd y dynion i lawr, rhyw bum mil ohonynt. Yna cymerodd Iesu y torthau, ac wedi diolch fe'i rhannodd i'r rhai oedd yn eistedd.

Gwnaeth yr un peth hefyd â'r pysgod, gan roi i bob un faint a fynnai.

A phan oeddent wedi cael digon, meddai wrth ei ddisgyblion,

Iesu Casglwch y tameidiau sy'n weddill, rhag i ddim fynd yn wastraff.

Llefarydd Fe'u casglasant, felly, a llenwi deuddeg basged â'r tameidiau yr oedd y bwytawyr wedi eu gadael yn weddill o'r pum torth haidd. Pan welodd y bobl yr arwydd hwn yr oedd Iesu wedi ei wneud, dywedasant,

Pobl Hwn yn wir yw'r Proffwyd sy'n dod i'r byd.

Llefarydd Yna synhwyrodd Iesu eu bod am ddod a'i gipio ymaith i'w wneud yn frenin, a chiliodd i'r mynydd eto ar ei ben ei hun.

Porthi'r Pedair Mil
Marc 8: 1–10

Llefarydd   Yn y dyddiau hynny, a'r dyrfa unwaith eto'n fawr a heb ddim i'w fwyta, galwodd ei ddisgyblion ato, ac meddai arnynt,

Iesu   Yr wyf yn tosturio wrth y dyrfa, oherwydd y maent wedi bob gyda mi dridiau erbyn hyn, ac nid oes ganddynt ddim i'w fwyta. Ac os anfonaf hwy adref ar eu cythlwng, llewygant ar y ffordd; y mae rhai ohonynt wedi dod o bell.

Llefarydd   Atebodd ei ddisgyblion ef,

Disgybl   Sut y gall neb gael digon o fara i fwydo'r rhain i gyd mewn lle anial fel hyn?

Llefarydd   Gofynnodd iddynt,

Iesu   Pa sawl torth sydd gennych?

Disgybl   Saith.

Llefarydd   Gorchmynnodd i'r dyrfa eistedd ar y ddaear. Yna cymerodd y saith torth, ac wedi diolch fe'u torrodd a'u rhoi i'w ddisgyblion i'w gosod gerbron; ac fe'u gosodasant gerbron y dyrfa.

Ac yr oedd ganddynt ychydig o bysgod bychain; ac wedi eu bendithio, dywedodd am osod y rhain hefyd ger eu bron. Bwytasant a chael digon, a chodasant y tameidiau oedd yn weddill, slond saith cawell. Yr oedd tua phedair mil ohonynt. Gollyngodd hwy ymaith. Ac yna aeth i mewn i'r cwch gyda'i ddisgyblion, a daeth i ardal Dalmanwtha.

Iacháu wrth y Pwll
Ioan 5 : 1–18

Llefarydd Ar ôl hyn aeth Iesu i fyny i Jerwsalem i ddathlu un o wyliau'r Iddewon. Y mae yn Jerwsalem, wrth Borth y Defaid, bwll a elwir Bethesda yn iaith yr Iddewon, a phum cyntedd colofnog yn arwain iddo.

Yn y cynteddau hyn byddai tyrfa o gleifion yn gorwedd, yn ddeillion a chloffion a phobl wedi eu parlysu. Yn eu plith yr oedd dyn a fu'n wael ers deunaw mlynedd ar hugain. Pan welodd Iesu ef yn gorwedd yno, a deall ei fod fel hyn ers amser maith, gofynnodd iddo,

Iesu A wyt ti'n dymuno cael dy wella?

Llefarydd Atebodd y claf ef,

Claf Syr, nid oes gennyf neb i'm gosod yn y pwll pan ddaw cynnwrf i'r dŵr, a thra byddaf fi ar fy ffordd bydd rhywun arall yn mynd i mewn o'm blaen i.

Llefarydd Meddai Iesu wrtho,

Iesu Cod, cymer dy fatras a cherdda.

Llefarydd Ac ar unwaith yr oedd y dyn wedi gwella, a chymerodd ei fatras a dechrau cerdded.

Yr oedd yn Saboth y dydd hwnnw. Dywedodd yr Iddewon felly wrth y dyn oedd wedi ei iacháu,

Iddewon Y Saboth yw hi; nid yw'n gyfreithlon iti gario dy fatras.

Claf   Y dyn hwnnw a'm gwellodd a ddywedodd wrthyf, 'Cymer fy fatras a cherdda.'

Iddewon   Pwy yw'r dyn a ddywedodd wrthyt, 'Cymer dy fatras a cherdda'?

Llefarydd Gofynnodd yr Iddewon iddo, ond nid oedd y dyn a iacháwyd yn gwybod pwy oedd ef, oherwydd yr oedd Iesu wedi troi oddi yno, am fod tyrfa yn y lle. Maes o law daeth Iesu o hyd i'r dyn yn y deml, ac meddai wrtho,

Iesu   Dyma ti wedi gwella. Paid â phechu mwyach, rhag i rywbeth gwaeth ddigwydd iti.

Llefarydd Aeth y dyn i ffwrdd a dywedodd wrth yr Iddewon mai Iesu oedd y dyn a'i gwellodd. A dyna pam y dechreuodd yr Iddewon erlid Iesu, am ei fod yn gwneud y pethau hyn ar y Saboth. Ond atebodd Iesu hwy,

Iesu   Y mae fy Nhad yn dal i weithio hyd y foment hon, ac yr wyf finnau'n gweithio hefyd.

Llefarydd Parodd hyn i'r Iddewon geisio'n fwy byth ei ladd ef, oherwydd nid yn unig yr oedd yn torri'r Saboth, ond yr oedd hefyd yn galw Duw yn dad iddo ef ei hun, ac yn ei wneud ei hun felly yn gydradd â Duw.

Iacháu Dyn Dall o'i Enedigaeth
Ioan 9 :1–12

Llefarydd   Wrth fynd ar ei daith, gwelodd Iesu ddyn dall o'i enedigaeth. Gofynnodd ei ddisgyblion iddo,

Disgybl   Rabbi, pwy a bechodd, ai hwn ynteu ei rieni, i beri iddo gael ei eni'n ddall?

Llefarydd   Atebodd Iesu,

Iesu   Ni phechodd hwn na'i rieni chwaith, ond fe amlygir gweithredoedd Duw ynddo ef. Y mae'n rhaid i ni gyflawni gweithredoedd yr hwn a'm hanfonodd i tra mae hi'n ddydd. Y mae'r nos yn dod, pan na all neb weithio. Tra byddaf yn y byd, goleuni'r byd ydwyf.

Wedi dweud hyn poerodd ar y llawr a gwneud clai o'r poeryn; yna irodd lygaid y dyn â'r clai, ac meddai wrtho,

Iesu   Dos i ymolchi ym mhwll Siloam

Llefarydd   enw a gyfieithir Anfonedig. Aeth y dyn yno ac ymolchi, a phan ddaeth yn ôl yr oedd yn gweld. Dyma'i gymdogion, felly, a'r bobl oedd wedi arfer o'r blaen ei weld fel cardotyn, yn dweud,

Cymydog 1   Onid hwn yw'r dyn fyddai'n eistedd i gardota?

Cymydog 2   Hwn yw ef.

Cymydog 3   Na, ond y mae'n debyg iddo.

Llefarydd   Ac meddai'r dyn ei hun

Claf   Myfi yw ef.

Llefarydd   Gofynasant iddo felly,

Cymydog 1   Sut yr agorwyd dy lygaid di?

Claf   Y dyn a elwir Iesu a wnaeth glai ac iro fy llygaid a dweud wrthyf, 'Dos i Siloam i ymolchi'. Ac wedi imi fynd yno ac ymolchi, cefais fy ngolwg.

Cymydog 2   Ble mae ef?

Llefarydd   Gofynasant iddo, ac meddai yntau,

Claf   Ni wn i.

Y Dyn ag Ysbryd Aflan ynddo
Marc 1: 21–28

Llefarydd Daethant i Gapernaum, ac yna, ar y Saboth, aeth ef i mewn i'r synagog a dechrau dysgu. Yr oedd y bobl yn synnu at yr hyn yr oedd yn ei ddysgu, oherwydd yr oedd yn eu dysgu fel un ag awdurdod ganddo, ac nid fel yr ysgrifenyddion.

Yn eu synagog yr oedd dyn ag ysbryd aflan ynddo. Gwaeddodd hwnnw, gan ddweud,

Dyn Beth sydd a fynni di â ni, Iesu o Nasareth? A wyt ti wedi dod i'n difetha ni? Mi wn pwy wyt ti - Sanct Duw.

Llefarydd Ceryddodd Iesu ef â'r geiriau:

Iesu Taw, a dos allan ohono.

Llefarydd A chan ei ysgytian a rhoi bloedd uchel, aeth yr ysbryd aflan allan ohono. Syfrdanwyd pawb, nes troi a holi ei gilydd,

Tyrfa Beth yw hyn? Dyma ddysgeidiaeth newydd ac iddi awdurdod! Y mae hwn yn gorchymyn hyd yn oed yr ysbrydion aflan, a hwythau'n ufuddhau iddo.

Llefarydd Ac aeth y sôn amdano ar led ar unwaith trwy holl gymdogaeth Galilea.

Iacháu Dyn wedi ei Barlysu
Luc 5 : 17–26

Llefarydd 1 Un diwrnod yr oedd ef yn dysgu, ac yn eistedd yno yr oedd Phariseaid ac athrawon y Gyfraith, oedd wedi dod o bob pentref yng Ngalilaea ac o Jwdea ac o Jerwsalem; ac yr oedd nerth yr Arglwydd gydag ef i iacháu.

Llefarydd 2 A dyma wŷr yn cario ar wely ddyn wedi ei barlysu; ceisio yr oeddent ddod ag ef i mewn a'i osod o flaen Iesu. Wedi methu cael ffordd i ddod ag ef i mewn oherwydd y dyrfa, dringasant ar y to a'i ollwng drwy'r priddlechi, ynghyd â'i wely, i'r canol o flaen Iesu. Wrth weld eu ffydd hwy dywedodd ef,

Iesu Ddyn, y mae dy bechodau wedi eu maddau iti.

Llefarydd 1 A dechreuodd yr ysgrifenyddion a'r Phariseaid feddwl,

Phariseaid Pwy yw hwn sy'n llefaru cabledd? Pwy ond Duw yn unig a all faddau pechodau?

Llefarydd 2 Ond synhwyrodd Iesu eu meddyliau, ac meddai wrthynt,

Iesu Pam yr ydych yn meddwl fel hyn ynoch eich hunain? Prun sydd hawsaf, ai dweud, 'Y mae dy bechodau wedi eu maddau iti', ai ynteu dweud, 'Cod a cherdda'? Ond er mwyn i chwi wybod fod gan Fab y Dyn awdurdod ar y ddaear i faddau pechodau -

Llefarydd 2 Meddai wrth y claf,

Iesu   Dyma fi'n dweud wrthyt, cod a chymer dy wely a dos adref.

Llefarydd 1 Ac ar unwaith cododd yntau yn eu gŵydd, cymryd y gwely y bu'n gorwedd arno, a mynd adref gan ogoneddu Duw. Daeth syndod ar bawb a dechreuasant ogoneddu Duw; llanwyd hwy ag ofn, ac meddent,

Person   Yr ydym wedi gweld pethau anhygoel heddiw.

Iacháu Gwas Canwriad
Luc 7: 1-10

Llafarydd Wedi iddo orffen llefaru'r holl eiriau hyn wrth y bobl aeth i mewn i Gapernaum. Yr oedd canwriad ac iddo was, gwerthfawr yn ei olwg, a oedd yn glaf ac ar fin marw. Pan glywodd y canwriad am Iesu anfonodd ato henuriaid o Iddewon, i ofyn iddo ddod ac achub bywyd ei was. Daethant hwy at Iesu ac ymbil yn daer arno:

Henuriad Y mae'n haeddu iti wneud hyn drosto, oherwydd y mae'n caru ein cenedl, ac ef a adeiladodd ein synagog i ni.

Llefarydd Pan oedd Iesu ar ei ffordd gyda hwy ac eisoes heb fod ymhell o'r tŷ, anfonodd y canwriad rai o'i gyfeillion i ddweud wrtho,

Negesydd y Canwriad Paid â thrafferthu, syr, oherwydd nid wyf yn deilwng i ti ddod dan fy nho. Am hynny bernais nad oeddwn i fy hun yn deilwng i ddod atat; ond dywed air, a chaffed fy ngwas ei iacháu. Oherwydd dyn sy'n cael ei osod dan awdurdod wyf finnau, a chennyf filwyr danaf; byddaf yn dweud wrth hwn, 'Dos', ac fe â, ac wrth un arall. 'Tyrd', ac fe ddaw, ac wrth fy ngwas, 'Gwna hyn', ac fe'i gwna.

Llefarydd Pan glywodd Iesu hyn fe ryfeddodd at y dyn, a chan droi at y dyrfa oedd yn ei ddilyn meddai,

Iesu Rwy'n dweud wrthych, ni chefais hyd yn oed yn Israel ffydd mor fawr.

Llefarydd Ac wedi i'r rhai a anfonwyd ddychwelyd i'r tŷ, cawsant y gwas yn holliach.

Cyfodi Mab y Weddw yn Nain
Luc 7 : 11–17

Llefarydd   Yn fuan wedyn aeth Iesu i dref a elwir Nain. Gydag ef ar y daith yr oedd ei ddisgyblion a thyrfa fawr. Pan gyrhaeddodd yn agos at borth y dref, dyma gynhebrwng yn dod allan; unig fab ei fam oedd y marw, a hithau'n wraig weddw. Yr oedd tyrfa niferus o'r dref gyda hi. Pan welodd yr Arglwydd hi, tosturiodd wrthi a dweud,

Iesu   Paid ag wylo.

Llefarydd   Yna aeth ymlaen a chyffwrdd â'r elor. Safodd y cludwyr, ac meddai ef,

Iesu   Fy machgen, rwy'n dweud wrthyt, cod.

Llefarydd   Cododd y marw ar ei eistedd a dechrau siarad, a rhoes Iesu ef i'w fam. Cydiodd ofn ym mhawb a dechreuasant ogoneddu Duw, gan ddweud,

Person 1   Y mae proffwyd mawr wedi codi yn ein plith.

Person 2   Y mae Duw wedi ymweld â'i bobl.

Llefarydd   Ac aeth yr hanes hwn amdano drwy Jwdea gyfan a'r holl gymdogaeth.

Iacháu Bachgen ag Ysbryd Aflan Ynddo
Luc 9 : 37–43

Llefarydd   Trannoeth, wedi iddynt ddod i lawr o'r mynydd, daeth tyrfa fawr i'w gyfarfod. A dyma ddyn yn gweiddi o'r dyrfa,

Dyn   Athro, rwy'n erfyn arnat edrych ar fy mab, gan mai ef yw fy unig fab. Y mae ysbryd yn gafael ynddo ac â bloedd sydyn yn ei gynhyrfu nes ei fod yn malu ewyn; ac y mae'n dal i'w ddirdynnu yn ddiollwng bron. Erfyniais ar dy ddisgblion ei fwrw allan, ac ni allasant.

Llefarydd   Atebodd Iesu,

Iesu   O genhedlaeth ddi-ffydd a gwyrgam, pa hyd y byddaf gyda chwi ac yn eich goddef? Tyrd â'th fab yma.

Llefarydd   Wrth iddo ddod ymlaen bwriodd y cythraul ef ar lawr a'i gynhyrfu; ond ceryddodd Iesu yr ysbryd aflan, ac iacháu'r plentyn a'i roi yn ôl i'w dad. Ac yr oedd pawb yn rhyfeddu at fawredd Duw.

Marc 9: 14–29

Llefarydd   Pan ddaethant at y disgyblion gwelsant dyrfa fawr o'u cwmpas, ac ysgrifenyddion yn dadlau â hwy. Ac unwaith y gwelodd yr holl dyrfa ef fe'u syfrdanwyd, a rhedasant ato a'i gyfarch. Gofynnodd yntau iddynt,

Iesu   Am beth yr ydych yn dadlau â hwy?

Llefarydd   Atebodd un o'r dyrfa ef,

Tad   Athro, mi ddois i â'm mab atat; y mae wedi ei feddiannu gan ysbryd mud, a pha bryd bynnag y mae hwnnw'n gafael ynddo y mae'n ei fwrw ar lawr, ac y mae yntau'n malu ewyn ac yn ysgyrnygu ei ddannedd ac yn mynd yn ddiymadferth. A dywedais wrth dy ddisgyblion am ei fwrw allan, ac ni allasant.

Llefarydd   Atebodd Iesu hwy:

Iesu   O genhedlaeth ddi-ffydd, pa hyd y byddaf gyda chwi? Pa hyd y goddefaf chwi? Dewch ag ef ataf fi.

Llefarydd   A daethant â'r bachgen ato. Cyn gynted ag y gwelodd yr ysbryd ef, ysgytiodd y bachgen yn ffyrnig. Syrthiodd ar y llawr a rholio o gwmpas dan falu ewyn. Gofynnodd Iesu i'w dad,

Iesu   Faint sydd er pan ddaeth hyn arno?

Llefarydd   Dywedodd yntau

Tad O'i blentyndod; llawer gwaith fe'i taflodd i'r tân neu i'r dŵr, i geisio'i ladd. Os yw'n bosibl iti wneud rhywbeth, tosturia wrthym a helpa ni.

Llefarydd Dywedodd Iesu wrtho,

Iesu Os yw'n bosibl! Y mae popeth yn bosibl i'r hwn sydd â ffydd ganddo.

Llefarydd Ar unwaith gwaeddodd tad y plentyn,

Tad Yr wyf yn credu: helpa fi yn fy niffyg ffydd.

Llefarydd A phan welodd Iesu fod tyrfa'n rhedeg ynghyd, ceryddodd yr ysbryd aflan; meddai wrtho,

Iesu Ysbryd mud a byddar, yr wyf fi yn gorchymyn iti, tyrd allan ohono a phaid â mynd i mewn iddo eto.

Llefarydd A chan weiddi a'i ysgytian yn ffyrnig, aeth yr ysbryd allan. Aeth y bachgen fel corff, nes i lawer ddweud ei fod wedi marw. Ond gafaelodd Iesu yn ei law ef a'i godi, a safodd ar ei draed. Ac wedi iddo fynd i'r tŷ gofynnodd ei ddisgyblion iddo o'r neilltu,

Disgybl Pam na allem ni ei fwrw ef allan?

Llefarydd Ac meddai wrthynt,

Iesu Dim ond trwy weddi y gall y math hwn fynd allan.

Iacháu'r Dyn â Dropsi arno
Luc 14 : 1-6

Llefarydd   Aeth i mewn i dŷ un o arweinwyr y Phariseaid ar y Saboth am bryd o fwyd; ac yr oeddent hwy â'u llygaid arno. Ac yno ger ei fron yr oedd dyn â dropsi arno. A llefarodd Iesu wrth athrawon y Gyfraith a'r Phariseaid, gan ddweud,

Iesu   A yw'n gyfreithlon iacháu ar y Saboth, ai nid yw?

Llefarydd   Ond ni ddywedasant hwy ddim. Yna cymerodd y claf a'i iacháu a'i anfon ymaith. Ac meddai wrthynt,

Iesu   Pe bai mab neu ych unrhyw un ohonoch yn syrthio i bydew, oni fyddech yn ei dynnu allan ar unwaith, hyd yn oed ar y dydd Saboth?

Llefarydd   Ni allent gynnig unrhyw ateb i hyn.

Glanhau Deg o Wahangleifion
Luc 17 : 11–19

Llefarydd   Yr oedd ef, ar ei ffordd i Jerwsalem, yn mynd trwy'r wlad rhwng Samaria a Galilea, ac yn mynd i mewn i ryw bentref, pan ddaeth deg o ddynion gwahanglwyfus i gyfarfod ag ef. Safasant bellter oddi wrtho a chodi eu lleisiau arno:

**Dyn
Gwahanglwyfus**   Iesu, feistr, trugarha wrthym.

Llefarydd   Gwelodd ef hwy ac meddai wrthynt,

Iesu   Ewch i'ch dangos eich hunain i'r offeiriad.

Llefarydd   Ac ar eu ffordd yno, fe'u glanhawyd hwy. Ac un ohonynt, pan welodd ei fod wedi ei iacháu, a ddychwelodd gan ogoneddu Duw â llais uchel. Syrthiodd ar ei wyneb wrth draed Iesu gan ddiolch iddo; a Samariad oedd ef. Atebodd Iesu,

Iesu   Oni lanhawyd y deg? Ble mae'r naw? Ai'r estron hwn yn unig a gafwyd i ddychwelyd ac i roi gogoniant i Dduw?

Llefarydd   Yna meddai wrtho,

Iesu   Cod, a dos ar dy hynt; dy ffydd sydd wedi dy iacháu di.

Glanhau Dyn Gwahanglwyfus
Marc 1 : 40–45

Llefarydd   Daeth dyn gwahanglwyfus ato ac erfyn arno ar ei liniau a dweud,

Dyn   Os mynni, gelli fy nglanhau.

Llefarydd   A chan dosturio estynnodd ef ei law a chyffyrddodd ag ef a dweud wrtho,

Iesu   Yr wyf yn mynnu, glanhaer di.

Llefarydd   Ymadawodd y gwahanglwyf ag ef ar unwaith, a glanhawyd ef. Ac wedi ei rybuddio'n llym gyrrodd Iesu ef ymaith ar ei union, a dweud wrtho,

Iesu   Gwylia na ddywedi ddim wrth neb, ond dos a dangos dy hun i'r offeiriad, ac offryma dros dy lanhad yr hyn a orchmynnodd Moses, yn dystiolaeth gyhoeddus.

Llefarydd   Ond aeth yntau allan a dechrau rhoi'r hanes i gyd ar goedd a'i daenu ar led, fel na allai Iesu mwyach fynd i mewn yn agored i unrhyw dref. Yr oedd yn aros y tu allan, mewn lleoedd unig, ac eto yr oedd pobl yn dod ato o bob cyfeiriad.

Y Dyn â'r Llaw Ddiffrwyth
Marc 3:1–6

Llefarydd   Aeth i mewn eto i'r synagog, ac yno yr oedd dyn a chanddo law wedi gwywo. Ac yr oeddent â'u llygaid arno i weld a fyddai'n iacháu'r dyn ar y Saboth, er mwyn cael cyhuddiad i'w ddwyn yn ei erbyn. A dywedodd wrth y dyn â'r llaw ddiffrwyth,

Iesu   Saf yn y canol.

Llefarydd   Yna dywedodd wrthynt,

Iesu   A yw'n gyfreithlon gwneud da ar y Saboth, ynteu gwneud drwg, achub bywyd, ynteu lladd?

Llefarydd   Yr oeddent yn fud. Yna edrychodd o gwmpas arnynt mewn dicter, yn drist oherwydd eu hystyfnigrwydd, a dywedodd wrth y dyn,

Iesu   Estyn dy law.

Llefarydd   Estynnodd yntau hi, a gwnaed ei law yn iach. Ac fe aeth y Phariseaid allan ar eu hunion a chynllwyn â'r Herodianiaid yn ei erbyn, sut i'w ladd.

Ffydd y Wraig o Syroffenicia
Marc 7: 24-30

Llefarydd   Cychwynnodd oddi yno ac aeth ymaith i gyffuniau Tyrus. Aeth i dŷ, ac ni fynnai i neb wybod; ond ni lwyddodd i ymguddio. Ar unwaith clywodd gwraig amdano, gwraig yr oedd gan ei merch fach ysbryd aflan, a daeth a syrthiodd wrth ei draed ef. Groeges oedd y wraig, Syroffeniciad o genedl; ac yr oedd yn gofyn iddo fwrw'r cythraul allan o'i merch. Meddai yntau wrthi,

Iesu   Gad i'r plant gael digon yn gyntaf; nid yw'n deg cymryd bara'r plant a'i daflu i'r cŵn.

Llefarydd   Atebodd hithau ef,

Gwraig   Syr, y mae hyd yn oed y cŵn o dan y bwrdd yn bwyta o friwsion y plant.

Iesu   Am iti ddweud hynny, dos adref; y mae'r cythraul wedi mynd allan o'th ferch.

Llefarydd   Aeth hithau adref a chafodd y plentyn yn gorwedd ar y gwely, a'r cythraul wedi mynd ymaith.

Iacháu Dyn Mud a Byddar
Marc 7: 31–37

Llefarydd Dychwelodd drachefn o gyffiniau Tyrus, a daeth drwy Sidon at Fôr Galilea trwy ganol bro'r Decapolis. Dygasant ato ddyn byddar oedd brin yn gallu siarad, a cheisio ganddo roi ei law arno. Cymerodd yntau ef o'r neilltu oddi wrth y dyrfa ar ei ben ei hun; rhoes ei fysedd yn ei glustiau, poerodd, a chyffyrddodd â'i dafod. A chan edrych i'r nef ochneidiodd a dweud wrtho,

Iesu Ephphatha.

Llefarydd Hynny yw 'Agorer di'. Agorwyd ei glustiau ar unwaith, a datodwyd rhwym ei dafod a dechreuodd lefaru'n eglur. A gorchmynnodd iddynt beidio â dweud wrth neb; ond po fwyaf yr oedd ef yn gorchymyn iddynt, mwyaf yn y byd yr oeddent hwy'n cyhoeddi'r peth. Yr oeddent yn synnu'n fawr dros ben, gan ddweud,

Person Da y gwnaeth ef bob peth; y mae'n gwneud hyd yn oed i fyddariaid glywed ac i fudion lefaru.

Iacháu Dyn Dall yn Bethsaida
Marc 8 : 22–26

Llefarydd Daethant i Bethsaida. A dyma hwy'n dod â dyn dall ato, ac erfyn arno i gyffwrdd ag ef. Gafaelodd yn llaw'r dyn dall a mynd ag ef allan o'r pentref, ac wedi poeri ar ei lygaid rhoes ei ddwylo arno a gofynnodd iddo,

Iesu A elli di weld rhywbeth?

Llefarydd Edrychodd i fyny, ac meddai,

Dyn Dall Yr wyf yn gweld pobl, maent yn edrych fel coed yn cerdded oddi amgylch.

Llefarydd Yna rhoes ei ddwylo drachefn ar ei lygaid ef. Craffodd yntau, ac adferwyd ef; yr oedd yn gweld popeth yn eglur o bell. Anfonodd ef adref, gan ddweud,

Iesu Paid â mynd i mewn i'r pentref.

Iacháu Cardotyn Dall ger Jericho
Luc 18 : 35–43

Llefarydd   Wrth iddo nesáu at Jericho, yr oedd dyn dall yn eistedd ar fin y ffordd yn cardota. Pan glywodd y dyrfa yn dod gofynnodd beth oedd hynny, a mynegwyd iddo fod Iesu o Nasareth yn mynd heibio. Bloeddiodd yntau,

Cardotyn   Iesu, Fab Dafydd, trugarha wrthyf.

Llefarydd   Yr oedd y rhai ar y blaen yn ei geryddu ac yn dweud wrtho am dewi; ond yr oedd ef yn gweiddi'n uwch fyth,

Cardotyn   Fab Dafydd, trugarha wrthyf.

Llefarydd   Safodd Iesu, a gorchymyn dod ag ef ato. Wedi i'r dyn nesáu gofynnodd Iesu iddo,

Iesu   Beth yr wyt am i mi ei wneud iti?

Cardotyn   Syr, mae arnaf eisiau cael fy ngolwg yn ôl.

Llefarydd   Meddai ef. Dywedodd Iesu,

Iesu   Derbyn dy olwg yn ôl; dy ffydd sydd wedi dy iacháu di.

Llefarydd   Cafodd ei olwg yn ôl ar unwaith, a dechreuodd ei ganlyn ef gan ogoneddu Duw. Ac o weld hyn rhoddodd yr holl bobl foliant i Dduw.

Iacháu Bartimeus Ddall
Marc 10: 46–52

Llefarydd　Daethant i Jericho. Ac fel yr oedd yn mynd allan o Jericho gyda'i ddisgyblion a chryn dyrfa, yr oedd mab Timeus, Bartimeus, cardotyn dall, yn eistedd ar fin y ffordd.　A phan glywodd mai Iesu o Nasareth ydoedd, dechreuodd weiddi a dweud,

Bartimeus　Iesu, Fab Dafydd, trugarha wrthyf.

Llefarydd　Ac yr oedd llawer yn ei geryddu ac yn dweud wrtho am dewi: ond yr oedd yntau'n gweiddi uwch fyth,

Bartimeus　Fab Dafydd, trugarha wrthyf.

Llefarydd　Safodd Iesu, a dywedodd,

Iesu　Galwch arno.

Llefarydd　A dyma hwy'n galw ar y dyn dall a dweud wrtho,

Disgybl 1　Cod dy galon a saf ar dy draed; y mae'n galw arnat.

Llefarydd　Taflodd yntau ei fantell oddi arno, llamu ar ei draed a daeth at Iesu. Cyfarchodd Iesu ef a dweud,

Iesu　Beth yr wyt ti am i mi ei wneud iti?

Llefarydd　Ac meddai'r dyn dall wrtho,

Bartimeus　Rabbwni, y mae arnaf eisiau cael fy ngolwg yn ôl.

Llefarydd
Iesu　Dywedodd Iesu wrtho,
　Dos, y mae dy ffydd wedi dy iacháu di.

Llefarydd　A chafodd ei olwg yn ôl yn y fan, a dechreuodd ei ganlyn ef ar hyd y ffordd.

Gweddnewidiad Iesu
Marc 9 :2–13

Llefarydd 1 Ymhen chwe diwrnod dyma Iesu'n cymryd Pedr ac Iago ac Ioan a mynd â hwy i fynydd uchel o'r neilltu ar eu pennau eu hunain. A gweddnewidiwyd ef yn eu gŵydd hwy, ac aeth ei ddillad i ddisgleirio'n glaerwyn, y modd na allai unrhyw bannwr ar y ddaear eu gwynnu.

Llefarydd 2 Ymddangosodd Elias iddynt ynghyd â Moses; ymddiddan yr oeddent â Iesu. A dywedodd Pedr wrth Iesu,

Pedr Rabbi, y mae'n dda i ni fod yma; gwnawn dair pabell, un i ti ac un i Moses ac un i Elias.

Llefarydd 2 Oherwydd ni wyddai beth i'w ddweud; yr oeddent wedi dychryn. A daeth cwmwl yn cysgodi drostynt; a dyma lais o'r cwmwl,

Llais Hwn yw fy Mab, yr Anwylyd; gwrandewch arno.

Llefarydd 1 Ac yn ddisymwth, pan edrychasant o amgylch, ni welsant neb mwyach ond Iesu yn unig gyda hwy.

Wrth iddynt ddod i lawr o'r mynydd rhoddodd orchymyn iddynt beidio â dweud wrth neb am y pethau a welsant, nes y byddai Mab y Dyn wedi atgyfodi oddi wrth y meirw. Daliasant ar y gair, gan holi yn eu plith eu hunain beth oedd ystyr atgyfodi oddi wrth y meirw. A gofynasant iddo,

Disgybl Pam y mae'r ysgrifenyddion yn dweud bod yn rhaid i Elias ddod yn gyntaf?

Llefarydd 2   Meddai yntau wrthynt,

Iesu   Y mae Elias yn dod yn gyntaf ac yn adfer pob peth. Ond sut y mae'n ysgrifenedig am Fab y Dyn, ei fod i ddioddef llawer a chael ei ddirmygu? Ond rwy'n dweud wrthych fod Elias eisoes wedi dod, a gwnaethant iddo beth bynnag a fynnent, fel y mae'n ysgrifenedig amdano.

Y Mwyaf yn y Deyrnas
Achosion Cwymp
Mathew 18: 1–11

Llefarydd   Yr amser hwnnw daeth y disgyblion at Iesu a gofyn,

Disgybl   Pwy sydd fwyaf yn nheyrnas nefoedd?

Llefarydd   Galwodd Iesu blentyn ato, a'i osod yn eu canol hwy, a dywedodd,

Iesu   Yn wir, rwy'n dweud wrthych, heb gymryd eich troi a dod fel plant, nid ewch fyth i mewn i deyrnas nefoedd. Pwy bynnag, felly, fydd yn ei ddarostwng ei hun i fod fel y plentyn hwn, dyma'r un sydd fwyaf yn nheyrnas nefoedd. A phwy bynnag sy'n derbyn un plentyn fel hwn yn fy enw i, y mae'n fy nerbyn i.

Ond pwy bynnag sy'n achos cwymp i un o'r rhai bychain hyn sy'n credu ynof fi, byddai'n well iddo pe crogid maen melin mawr am ei wddf a'i foddi yn eigion y môr. Gwae'r byd oherwydd achosion cwymp; y maent yn rhwym o ddod, ond gwae'r sawl sy'n gyfrifol am achos cwymp. Os yw dy law neu dy droed yn achos cwymp i ti, tor hi ymaith a'i thaflu oddi wrthyt; y mae'n well iti fynd i mewn i'r bywyd yn anafus neu'n gloff, na chael dy daflu, a dwy law neu ddau droed gennyt, i'r tân tragwyddol.

Ac os yw dy lygad yn achos cwymp i ti, tyn ef allan a'i daflu oddi wrthyt; y mae'n well iti fynd i mewn i'r bywyd yn unllygeidiog na chael dy daflu, a dau lygad gennyt, i dân uffern.

Y Dyn Cyfoethog
Marc 10 : 17–31

Llefarydd Wrth iddo fynd i'w daith, rhedodd rhyw ddyn ato a phenlinio o'i flaen a gofyn iddo,

Dyn Athro da, beth a wnaf i etifeddu bywyd tragwyddol?

Llefarydd A dywedodd Iesu wrtho,

Iesu Pam yr wyt yn fy ngalw i yn dda? Nid oes neb da ond un, sef Duw. Gwyddost y gorchmynion, 'Na ladd, na odineba, na ladrata, na chamdystiolaetha, na chamgolleda, anrhydedda dy dad a'th fam.'

Llefarydd Meddai yntau wrtho,

Dyn Athro, yr wyf wedi cadw'r rhain i gyd o'm hieuenctid.

Llefarydd Edrychodd Iesu arno ac fe'i hoffodd, a dywedodd wrtho,

Iesu Un peth sy'n eisiau ynot; dos, gwerth y cwbl sydd gennyt a dyro i'r tlodion, a chei drysor yn y nef; a thyrd, canlyn fi.

Llefarydd Cymylodd ei wedd ar y gair, ac aeth ymaith yn drist; yr oedd yn berchen meddiannau lawer.

Edrychodd Iesu o'i gwmpas ac meddai wrth ei ddisgyblion,

Iesu Mor anodd fydd hi i rai cyfoethog fynd i mewn i deyrnas Dduw!

Llefarydd Syfrdanwyd y disgyblion gan ei eiriau, ond meddai Iesu wrthynt drachefn,

Iesu Blant, mor anodd yw mynd i deyrnas Dduw! Y mae'n haws i gamel fynd trwy grau nodwydd nag i rywun cyfoethog fynd i mewn i deyrnas Dduw.

Llefarydd Synasant yn fwy byth, ac meddent wrth ei gilydd,

Disgybl Pwy ynteu all gael ei achub?

Llefarydd Edrychodd Iesu arnynt a dywedodd,

Iesu Gyda dynion y mae'n amhosibl, ond nid gyda Duw. Y mae pob peth yn bosibl gyda Duw.

Llefarydd Dechreuodd Pedr ddweud wrtho,

Pedr Dyma ni wedi gadael pob peth ac wedi dy ganlyn di.

Iesu Yn wir rwy'n dweud wrthych, nid oes neb a adawodd dŷ neu frodyr neu chwiorydd neu fam neu dad neu blant neu diroedd er fy mwyn i ac er mwyn yr Efengyl, na chaiff dderbyn ganwaith cymaint yn awr yn yr amser hwn, yn dai a brodyr a chwiorydd a mamau a phlant a thiroedd, ynghyd ag erledigaethau, ac yn yr oes sy'n dod fywyd tragwyddol. Ond bydd llawer sy'n flaenaf yn olaf, a'r rhai olaf yn flaenaf.

Cais Iago ac Ioan
Marc 10 : 35–45

Llefarydd Daeth Iago ac Ioan, meibion Sebedeus, ato a dweud wrtho,

Iago/Ioan Athro, yr ydym am iti wneud i ni y peth a ofynnwn gennyt.

Llefarydd Meddai yntau wrthynt,

Iesu Beth yr ydych am imi ei wneud i chwi?

Iago/Ioan Dyro i ni gael eistedd, un ar dy law dde ac un ar dy law chwith yn dy ogoniant.

Llefarydd Ac meddai Iesu wrthynt,

Iesu Ni wyddoch beth yr ydych yn ei ofyn. A allwch chi yfed y cwpan yr wyf fi yn ei yfed, neu gael eich bedyddio â'r bedydd y bedyddir fi ag ef?

Llefarydd Dywedasant hwythau wrtho,

Iago/Ioan Gallwn.

Llefarydd Ac meddai Iesu wrthynt,

Iesu Cewch yfed y cwpan yr wyf fi yn ei yfed, a bedyddir chwi â'r bedydd y bedyddir fi ag ef, ond eistedd ar fy llaw dde neu ar fy llaw chwith, nid gennyf fi y mae'r hawl i'w roi; y mae'n perthyn i'r rhai y mae wedi ei ddarparu ar eu cyfer.

Llefarydd Pan glywodd y deg aethant yn ddig wrth Iago ac Ioan. Galwodd Iesu hwy ato ac meddai wrthynt,

Iesu   Gwyddoch fod y rhai a ystyrir yn llywodraethwyr ar y Cenhedloedd yn arglwyddiaethu arnynt, a'u gwŷr mawr hwy yn dangos eu hawdurdod drostynt. Ond nid felly y mae yn eich plith chwi; yn hytrach, pwy bynnag sydd am fod yn fawr yn eich plith, rhaid iddo fod yn was i chwi, a phwy bynnag sydd am fod yn flaenaf yn eich plith, rhaid iddo fod yn gaethwas i bawb. Oherwydd Mab y Dyn, yntau, ni ddaeth i gael ei wasanaethu ond i wasanaethu, ac i roi ei einioes yn bridwerth dros lawer.

Iesu, Goleuni'r Byd
Ioan 8: 1–20

Llefarydd   Yna llefarodd Iesu wrthynt eto,

Iesu   Myfi yw goleuni'r byd. Ni bydd neb sy'n fy nghanlyn i byth yn rhodio mewn tywyllwch, ond bydd ganddo oleuni'r bywyd.

Llefarydd   Meddai'r Phariseaid wrtho,

Pharisead   Tystiolaethu amdanat dy hun yr wyt; nid yw dy dystiolaeth yn wir.

Llefarydd   Atebodd Iesu hwy,

Iesu   Er mai myfi sydd yn tystiolaethu amdanaf fy hun, y mae fy nhystiolaeth yn wir am fy mod yn gwybod o ble y deuthum ac i ble'r wyf yn mynd. Ond ni wyddoch chwi o ble'r wyf yn dod nac i ble'r wyf yn mynd.
Yr ydych chwi'n barnu yn ôl safonau dynol. Minnau, nid wyf yn barnu neb, ac os byddaf yn barnu y mae'r farn a roddaf yn ddilys, oherwydd nid myfi yn unig sy'n barnu, ond myfi a'r Tad a'm hanfonodd i.

Y mae'n ysgrifenedig yn eich Cyfraith chwi fod tystiolaeth dau ddyn yn wir. Myfi yw'r un sydd yn tystiolaethu amdanaf fy hun, ac y mae'r Tad a'm hanfonodd i hefyd yn tystiolaethu amdanaf.

Llefarydd   Yna meddent wrtho,

Pharisead   Ble mae dy Dad di?

Llefarydd   Atebodd Iesu,

Iesu   Nid ydych yn f'adnabod i na'm Tad; pe baech yn fy adnabod i, byddech yn adnabod fy Nhad hefyd.

Llefarydd   Llefarodd y geiriau hyn yn y trysordy, wrth ddysgu yn y deml. Ond ni afaelodd neb ynddo, oherwydd nid oedd ei awr wedi dod eto.

Dameg Corlan y Defaid
Iesu, y Bugail Da
Ioan 10: 1–6: 7–18

Iesu   Yn wir, yn wir, 'rwy'n dweud wrthych, lleidr ac ysbeiliwr yw'r sawl nad yw'n mynd i mewn trwy'r drws i gorlan y defaid, ond sy'n dringo i mewn rywle arall. Yr un sy'n mynd i mewn trwy'r drws yw bugail y defaid.

Y mae ceidwad y drws yn agor i hwn, ac y mae'r defaid yn clywed ei lais, ac yntau'n galw ei ddefaid ei hun wrth eu henwau ac yn eu harwain hwy allan. Pan fydd wedi dod â'i ddefaid ei hun i gyd allan, bydd yn cerdded ar y blaen, a'r defaid yn ei ganlyn oherwydd eu bod yn adnabod ei lais ef.

Ni chanlynant neb dieithr byth, ond ffoi oddi wrtho, oherwydd nid ydynt yn adnabod llais dieithriaid.

Llefarydd   Dywedodd Iesu hyn wrthynt ar ddameg, ond nid oeddent hwy'n deall ystyr yr hyn yr oedd ef yn ei lefaru wrthynt.

Felly dywedodd Iesu eto,

Iesu   Yn wir, yn wir, rwy'n dweud wrthych, myfi yw drws y defaid. Lladron ac ysbeilwyr oedd pawb a ddaeth o'm blaen i; ond ni wrandawodd y defaid arnynt hwy.

Myfi yw'r drws; os daw rhywun i mewn trwof fi, caiff ei gadw'n ddiogel, caiff fynd i mewn ac allan, a dod o hyd i borfa. Ni ddaw'r lleidr ond i ladrata ac i ladd ac i ddinistrio. Yr wyf fi wedi dod er mwyn i ddynion gael bywyd, a'i gael yn ei holl gyflawnder.

Myfi yw'r bugail da. Y mae'r bugail da yn rhoi ei einioes dros y defaid. Y mae'r gwas cyflog, nad yw'n fugail nac yn berchen y defaid, yn gweld y blaidd yn dod ac yn gadael y defaid ac yn ffoi; ac y mae'r blaidd yn eu hysglyfio ac yn eu gyrru ar chwâl. Y mae'n ffoi am mai gwas cyflog yw, ac am nad oes ofal arno am y defaid.

Myfi yw'r bugail da; yr wyf yn adnabod fy nefaid, a'm defaid yn fy adnabod i, yn union fel y mae'r Tad yn f'adnabod i, a minnau'n adnabod y Tad. Ac yr wyf yn rhoi fy einioes dros y defaid.

Y mae gennyf ddefaid eraill hefyd, nad ydynt yn perthyn i'r gorlan hon. Rhaid imi ddod â'r rheini i mewn, ac fe wrandawant ar fy llais. Yna bydd un praidd ac un bugail.

Y mae'r Tad yn fy ngharu i oherwydd fy mod yn rhoi fy einioes, i'w derbyn eilwaith. Nid yw neb yn ei dwyn oddi arnaf, ond myfi ohonof fy hun sy'n ei rhoi. Y mae gennyf hawl i'w rhoi, ac y mae gennyf hawl i'w derbyn eilwaith. Hyn a gefais yn orchymyn gan fy Nhad.

Llefarydd	Bu ymraniad eto ymhlith yr Iddewon o achos y geiriau hyn. Yr oedd llawer ohonynt yn dweud,
Iddew 1	Y mae cythraul ynddo.
Iddew 2	Y mae'n wallgof.
Iddew 3	Pam yr ydych yn gwrando arno?
Llefarydd	Ond yr oedd eraill yn dweud,
Iddew 4	Nid geiriau dyn â chythraul ynddo yw'r rhain. A yw cythraul yn gallu agor llygaid y deillion?

Marwolaeth Lasarus
Ioan 11: 1–16

Llefarydd Yr oedd rhyw ddyn o'r enw Lasarus yn wael. Yr oedd yn byw ym Methania, pentref Mair a'i chwaer Martha. Mair oedd y ferch a eneiniodd yr Arglwydd ag enaint, a sychu ei draed â'i gwallt; a'i brawd hi, Lasarus, oedd yn wael. Anfonodd y chwiorydd, felly, neges at Iesu:

Negesydd Y mae dy gyfaill, syr, yma'n wael.

Llefarydd Pan glywodd Iesu, meddai,

Iesu Nid yw'r gwaeledd hwn i fod yn angau i Lasarus, ond yn ogoniant i Dduw; bydd yn gyfrwng i Fab Duw gael ei ogoneddu drwyddo.

Llefarydd Yn awr yr oedd Iesu'n caru Martha a'i chwaer a Lasarus. Ac wedi clywed ei fod ef yn wael, arhosodd am ddau ddiwrnod yn y fan lle'r oedd. Ac wedyn, dywedodd wrth ei ddisgyblion,

Iesu Gadewch inni fynd yn ôl i Jwdea.

Disgybl Rabbi, gynnau yr oedd yr Iddewon yn ceisio dy labyddio. Sut y gelli fynd yn ôl yno?

Llefarydd Meddai'r disgyblion. Atebodd Iesu,

Iesu Onid oes deuddeg awr mewn diwrnod? Os yw rhywun yn cerdded yng ngolau dydd, nid yw'n baglu, oherwydd y mae'n gweld golau'r byd hwn. Ond os yw rhywun yn cerdded yn y nos, y mae'n baglu, am nad oes golau ganddo.

Llefarydd   Ar ôl dweud hyn, meddai wrthynt,

Iesu   Y mae ein cyfaill Lasarus yn huno, ond yr wyf yn mynd yno i'w ddeffro.

Llefarydd   Dywedodd y disgyblion wrtho,

Disgybl   Arglwydd, os yw'n huno fe gaiff ei wella.

Llefarydd   Ond at ei farwolaeth ef yr oedd Iesu wedi cyfeirio, a hwythau'n meddwl mai siarad am hun cwsg yr oedd. Felly dywedodd Iesu wrthynt yn blaen,

Iesu   Y mae Lasarus wedi marw. Ac er eich mwyn chwi yr wyf yn falch nad oeddwn yno, er mwyn ichwi gredu. Ond gadewch inni fynd ato.

Llefarydd   Ac meddai Thomas, a elwir Didymus, wrth ei gyd-ddisgyblion,

Thomas   Gadewch i ninnau fynd hefyd, i farw gydag ef.

Iesu, yr Atgyfodiad a'r Bywyd
Ioan 11: 17–27

Llefarydd   Pan gyrhaeddodd yno, cafodd Iesu fod Lasarus eisoes yn ei fedd ers pedwar diwrnod. Yr oedd Bethania yn ymyl Jerwsalem, ryw dri chilomedr oddi yno. Ac yr oedd llawer o'r Iddewon wedi dod at Martha a Mair i'w cysuro ar golli eu brawd. Pan glywodd Martha fod Iesu yn dod, aeth i'w gyfarfod; ond eisteddodd Mair yn y tŷ. Dywedodd Martha wrth Iesu,

Martha   Pe buasit ti yma, syr, ni buasai fy mrawd wedi marw. A hyd yn oed yn awr, mi wn y rhydd Duw i ti beth bynnag a ofynni ganddo.

Llefarydd   Dywedodd Iesu,

Iesu   Fe atgyfoda dy frawd.

Martha   Mi wn y bydd yn atgyfodi ar y dydd olaf.

Llefarydd   Meddai Martha wrtho. Dywedodd Iesu wrthi,

Iesu   Myfi yw'r atgyfodiad a'r bywyd. Pwy bynnag sy'n credu ynof fi, er iddo farw, fe fydd byw; a phob un sy'n byw ac yn credu ynof fi, ni bydd marw byth. A wyt ti'n credu hyn?

Martha   Ydwyf, Arglwydd, yr wyf fi'n credu mai tydi yw'r Meseia, Mab Duw, yr Un sy'n dod i'r byd.

Iesu'n Wylo
Ioan 11: 28–37

Llefarydd   Wedi iddi ddweud hyn, aeth ymaith a galw ei chwaer Mair a dweud wrthi o'r neilltu,

Martha   Y mae'r Athro wedi cyrraedd, ac y mae am dy weld.

Llefarydd   Pan glywodd Mair hyn cododd ar frys a mynd ato ef. Nid oedd Iesu wedi dod i mewn i'r pentref eto, ond yr oedd yn dal yn y fan lle'r oedd Martha wedi ei gyfarfod.

Pan welodd yr Iddewon, a oedd gyda hi yn y tŷ yn ei chysuro, fod Mair wedi codi ar frys a mynd allan, aethant ar ei hôl gan dybio ei bod hi'n mynd at y bedd, i wylo yno.

A phan ddaeth Mair i'r fan lle'r oedd Iesu, a'i weld, syrthiodd wrth ei draed ac meddai wrtho,

Mair   Pe buasit ti yma, syr, ni buasai fy mrawd wedi marw.

Llefarydd   Wrth ei gweld hi'n wylo, a'r Iddewon oedd wedi dod gyda hi hwythau'n wylo, cynhyrfwyd ysbryd Iesu gan deimlad dwys.

Iesu   Ble'r ydych wedi ei roi i orwedd?

Llefarydd   Gofynnodd. Meddant wrtho,

Iddew   Tyrd i weld, syr.

Llefarydd Torrodd Iesu i wylo. Yna dywedodd yr Iddewon,

Iddew Gwelwch gymaint yr oedd yn ei garu ef.

Llefarydd Ond dywedodd rhai ohonynt,

Iddew Oni allai hwn, a agorodd lygaid y dall, gadw'r dyn yma hefyd rhag marw?

Galw Lasarus o'r Bedd
Ioan 11: 38–44

Llefarydd   Dan deimlad dwys drachefn, daeth Iesu at y bedd. Ogof ydoedd, a maen yn gorwedd ar ei thraws.

Iesu   Symudwch y maen.

Llefarydd   Meddai Iesu. A dyma Martha, chwaer y dyn oedd wedi marw, yn dweud wrtho,

Martha   Erbyn hyn, syr, y mae'n drewi; y mae yma ers pedwar diwrnod.

Iesu   Oni ddywedais wrthyt, y cait weld gogoniant Duw, dim ond iti gredu?

Llefarydd   Felly symudasant y maen. A chododd Iesu ei lygaid i fyny a dweud,

Iesu   O Dad, rwy'n diolch i ti am wrando arnaf. Roeddwn i'n gwybod dy fod bob amser yn gwrando arnaf, ond dywedais hyn o achos y dyrfa sy'n sefyll o gwmpas, er mwyn iddynt gredu mai tydi a'm hanfonodd.

Llefarydd   Ac wedi dweud hyn, gwaeddodd â llais uchel,

Iesu   Lasarus, tyrd allan.

Llefarydd   Daeth y dyn a fu farw allan, a'i draed a'i ddwylo wedi eu rhwymo â llieiniau, a chadach am ei wyneb. Dywedodd Iesu wrthynt,

Iesu   Datodwch ei rwymau, a gadewch iddo fynd.

Y Cynllwyn i Ladd Iesu
Ioan 11: 45–55

Llefarydd   Felly daeth llawer o'r Iddewon, y rhai oedd wedi dod at Mair a gweld beth yr oedd Iesu wedi ei wneud, i gredu ynddo. Ond aeth rhai ohonynt i ffwrdd at y Phariseaid a dweud wrthynt beth yr oedd Iesu wedi ei wneud. Am hynny galwodd y prif offeiriaid a'r Phariseaid gyfarfod o'r Sanhedrin, a dywedasant:

Pharisead   Beth yr ydym am ei wneud? Y mae'r dyn yma'n gwneud llawer o arwyddion. Os gadawn iddo barhau fel hyn, bydd pawb yn credu ynddo, ac fe ddaw'r Rhufeiniaid a chymryd oddi wrthym ein teml a'n cenedl hefyd.

Llefarydd   Ond dyma un ohonynt, Caiaffas, a oedd yn archoffeiriad y flwyddyn honno, yn dweud wrthynt:

Caiaffas   Nid ydych chwi'n deall dim. Nid ydych yn sylweddoli mai mantais i chwi fydd i un dyn farw dros y bobl, yn hytrach na bod y genedl gyfan yn cael ei difodi.

Llefarydd   Nid ohono'i hun y dywedodd hyn, ond proffwydo yr oedd, ac yntau'n archoffeiriad y flwyddyn honno, fod Iesu'n mynd i farw dros y genedl, ac nid dros y genedl yn unig ond hefyd er mwyn casglu plant Duw oedd ar wasgar, a'u gwneud yn un.
O'r diwrnod hwnnw, felly, gwnaethant gynllwyn i'w ladd ef.

Am hynny, peidiodd Iesu mwyach â mynd oddi amgylch yn agored ymhlith yr Iddewon. Aeth i ffwrdd oddi yno i'r wlad sydd yn ymyl yr anialwch, i dref a elwir Effraim, ac arhosodd yno gyda'i ddisgyblion.

Yn awr yr oedd Pasg yr Iddewon yn ymyl, ac aeth llawer i fyny i Jerwsalem o'r wlad cyn y Pasg, ar gyfer defod eu puredigaeth. Ac yr oeddent yn chwilio am Iesu, ac yn sefyll yn y deml a dweud wrth ei gilydd,

Iddew Beth dybiwch chwi? Nad yw ef ddim yn dod i'r ŵyl?

Llefarydd Ac er mwyn iddynt ei ddal, yr oedd y prif offeiriaid a'r Phariseaid wedi rhoi gorchmynion, os oedd rhywun yn gwybod lle'r oedd ef, ei fod i'w hysbysu hwy.

Yr Wythnos Fawr yn ôl Mathew

Yr Ymdaith Fuddugoliaethus i mewn i Jerwsalem
Mathew 21: 1–11

Llefarydd Pan ddaethant yn agos i Jerwsalem a chyrraedd Bethffage a Mynydd yr Olewydd, anfonodd Iesu ddau ddisgybl gan ddweud wrthynt,

Iesu Ewch i'r pentref sydd gyferbyn â chwi, ac yn syth fe gewch asen wedi ei rhwymo, ac ebol gyda hi. Gollyngwch hwy a dewch â hwy ataf. Ac os dywed rhywun rywbeth wrthych, dywedwch, 'Y mae ar y Meistr eu hangen: a bydd yn eu rhoi ar unwaith.'

Llefarydd Digwyddodd hyn fel y cyflawnid y gair a lefarwyd trwy'r proffwyd:

Proffwyd Dywedwch wrth ferch Seion,
'Wele dy frenin yn dod atat,
yn ostyngedig ac yn marchogaeth ar asyn,
ac ar ebol, llwdn anifail gwaith.'

Llefarydd Aeth y disgyblion a dweud fel y gorchmynnodd Iesu iddynt; daethant â'r asen a'r ebol ato, a rhoesant eu mentyll ar eu cefn, ac eisteddodd Iesu arnynt. Taenodd tyrfa fawr iawn eu mentyll ar y ffordd, ac yr oedd eraill yn torri canghennau o'r coed ac yn eu taenu ar y ffordd. Ac yr oedd y tyrfaoedd ar y blaen iddo a'r rhai o'r tu ôl iddo yn gweiddi:

Llais 1 Hosanna i Fab Dafydd!

Llais 2   Bendigedig yw'r un sy'n dod yn enw'r Arglwydd.

Llais 3   Hosanna yn y goruchaf!

Llefarydd   Pan ddaeth ef i mewn i Jerwsalem cynhyrfwyd y ddinas drwyddi. Yr oedd pobl yn gofyn,

Llais 1   Pwy yw hwn?

Llefarydd   A'r tyrfaoedd yn ateb,

Llais 1,2,3 Y proffwyd Iesu yw hwn, o Nasareth yng Ngalilea.

Gwledd y Pasg gyda'r Disgyblion
Mathew 26: 17–25

Llefarydd   Ar ddydd cyntaf gŵyl y Bara Croyw daeth y disgyblion at Iesu a gofyn,

Disgybl 1   Ble yr wyt ti am inni baratoi i ti fwyta gwledd y Pasg?

Llefarydd   Dywedodd yntau,

Iesu   Ewch i'r ddinas at ddyn arbennig a dywedwch wrtho, 'Y mae'r Athro'n dweud, "Y mae fy amser i'n agos; yn dy dŷ di yr wyf am gadw'r Pasg gyda'm disgyblion"'

Llefarydd   A gwnaeth y disgyblion fel y gorchmynnodd Iesu iddynt, a pharatoesant wledd y Pasg. Gyda'r nos yr oedd wrth y bwrdd gyda'r Deuddeg. Ac fel yr oeddent yn bwyta, dywedodd Iesu,

Iesu   Yn wir, 'rwy'n dweud wrthych y bydd i un ohonoch yn fy mradychu i.

Llefarydd   A chan dristáu yn fawr dechreuasant ddweud wrtho, bob un ohonynt,

Disgybl 2   Nid myfi yw, Arglwydd?

Llefarydd   Atebodd yntau,

Iesu   Un a wlychodd ei law gyda mi yn y ddysgl, hwnnw a'm bradycha i. Y mae Mab y Dyn yn wir yn ymadael, fel y mae'n ysgrifenedig amdano, ond gwae'r dyn hwnnw y bradychir Mab y Dyn ganddo!

Da fuasai i'r dyn hwnnw petai heb ei eni.

Llefarydd Dywedodd Jwdas ei fradychwr,

**Jwdas
Iscariot** Nid myfi yw, Rabbi?

Llefarydd Meddai Iesu wrtho,

Iesu Ti a ddywedodd hynny.

Sefydlu Swper yr Arglwydd
Mathew 26: 26–30

Llefarydd Ac wrth iddynt fwyta, cymerodd Iesu fara, ac wedi bendithio fe'i torrodd a'i roi i'r disgyblion, a dywedodd,

Iesu Cymerwch, bwytewch; hwn yw fy nghorff.

Llefarydd A chymerodd gwpan, ac wedi diolch fe'i rhoddodd iddynt gan ddweud,

Iesu Yfwch ohono, bawb, oherwydd hwn yw fy ngwaed i, gwaed y cyfamod, a dywelltir dros lawer er maddeuant pechodau. Rwy'n dweud wrthych nad yfaf o hyn allan o hwn, ffrwyth y winwydden, hyd y dydd hwnnw pan yfaf ef yn newydd gyda chwi yn nheyrnas fy Nhad.

Llefarydd Ac wedi iddynt ganu emyn aethant allan i Fynydd yr Olewydd.

Rhagfynegi Gwadiad Pedr
Mathew 26: 31–35

Llefarydd   Yna dywedodd Iesu wrthym,

Iesu   Fe ddaw cwymp i bob un ohonoch chwi o'm hachos i heno, oherwydd y mae'n ysgrifenedig:
'Trawaf y bugail, a gwasgerir defaid y praidd.'
Ond wedi i mi gael fy nghyfodi af o'ch balen chwi i Galilea.

Llefarydd   Atebodd Pedr ef,

Pedr   Er iddynt gwympo bob un o'th achos di, ni chwympaf fi byth.

Llefarydd   Meddai Iesu wrtho,

Iesu   Yn wir, rwy'n dweud wrthyt y bydd i ti heno, cyn i'r ceiliog ganu, fy ngwadu i deirgwaith.

Pedr   Hyd yn oed petai'n rhaid imi farw gyda thi, ni'th wadaf byth.

Llefarydd   Meddai Pedr wrtho. Ac felly y dywedodd y disgyblion i gyd.

Y Weddi yn Gethsemane
Mathew 26: 36–46

Llefarydd   Yna daeth Iesu gyda hwy i le a elwir Gethsemane,
ac meddai wrth y disgyblion,

Iesu   Eisteddwch yma tra byddaf fi'n mynd fan draw i
weddïo.

Llefarydd   Ac fe gymerodd gydag ef Pedr a dau fab Sebedeus;
a dechreuodd deimlo tristwch a thrallod dwys.
Yna meddai wrthynt,

Iesu   Y mae f'enaid yn drist iawn hyd at farw. Arhoswch
yma a gwyliwch gyda mi.

Llefarydd   Aeth ymlaen ychydig, a syrthiodd ar ei wyneb gan
weddïo,

Iesu   Fy Nhad, os yw'n bosibl, boed i'r cwpan hwn fynd
heibio i mi; ond nid fel y mynnaf fi, ond fel y
mynni di.

Llefarydd   Daeth yn ôl at y disgyblion a'u cael hwy'n cysgu, ac
meddai wrth Pedr,

Iesu   Felly! Oni allech wylio am un awr gyda mi?
Gwyliwch, a gweddïwch na ddewch i gael eich profi.
Y mae'r ysbryd yn barod ond y cnawd yn wan.

Llefarydd   Aeth ymaith drachefn yr ail waith a gweddïo,

Iesu   Fy Nhad, os nad yw'n bosibl i'r cwpan hwn fynd
heibio heb i mi ei yfed, gwneler dy ewyllys di.

Llefarydd   A phan ddaeth yn ôl fe'u cafodd hwy'n cysgu eto, oherwydd yr oedd eu llygaid yn drwm. Ac fe'u gadawodd eto a mynd ymaith i weddïo y drydedd waith, gan lefaru'r un geiriau drachefn. Yna daeth at y disgyblion a dweud wrthynt,

Iesu   A ydych yn dal i gysgu a gorffwys? Dyma'r awr yn agos, a Mab y Dyn yn cael ei fradychu i ddwylo pechaduriaid. Codwch ac awn. Dyma fy mradychwr yn agosáu.

Bradychu a Dal Iesu
Mathew 26: 47–56

Llefarydd Yna, tra oedd yn dal i siarad, dyma Jwdas, un o'r Deuddeg, yn dod, a chydag ef dyrfa fawr yn dwyn cleddyfau a phastynau, wedi eu hanfon gan y prif offeiriaid a henuriaid y bobl. Rhoddodd ei fradychwr arwydd iddynt gan ddweud,

Jwdas Yr un a gusanaf yw'r dyn; daliwch ef.

Llefarydd Ac yn union aeth at Iesu a dweud,

Jwdas Henffych well, Rabbi.

Llefarydd A chusanodd ef. Dywedodd Iesu wrtho,

Iesu Gyfaill, gwna'r hyn yr wyt yma i'w wneud.

Llefarydd Yna daethant a rhoi eu dwylo ar Iesu a'i ddal. A dyma un o'r rhai oedd gyda Iesu yn estyn ei law ac yn tynnu ei gleddyf a tharo gwas yr archoffeiriad a thorri ei glust i ffwrdd. Yna dywedodd Iesu wrtho.

Iesu Rho dy gleddyf yn ôl yn ei le, oherwydd bydd pawb sy'n cymryd y cleddyf yn marw trwy'r cleddyf. A wyt yn tybio na allwn ddeisyf ar fy Nhad, ac na roddai i mi yn awr fwy na deuddeg lleng o angylion? Ond sut felly y cyflawnid yr Ysgrythurau sy'n dweud mai fel hyn y mae'n rhaid iddi ddigwydd?

Llefarydd A'r pryd hwnnw dywedodd Iesu wrth y dyrfa.

Iesu   Ai fel at lleidr, â chleddyfau a phastynau, y daethoch allan i'm dal i? Yr oeddwn yn eistedd beunydd yn y deml yn dysgu, ac ni ddaliasoch fi. Ond digwyddodd hyn oll fel y cyflawnid yr hyn a ysgrifennodd y proffwydi.

Llefarydd   Yna gadawodd y disgyblion ef bob un, a ffoi.

Iesu gerbron y Sanhedrin
Mathew 26: 57–68

Llefarydd   Aeth y rhai oedd wedi dal Iesu ag ef ymaith i dŷ
Caiaffas yr archoffeiriad, lle'r oedd yr
ysgrifenyddion a'r henuriaid wedi dod ynghyd.
Canlynodd Pedr ef o hirbell hyd at gyntedd yr
archoffeiriad, ac wedi mynd i mewn eisteddodd
gyda'r gwasanaethwyr, i weld y diwedd.

Yr oedd y prif offeiriaid a'r holl Sanhedrin yn ceisio
camdystiolaeth yn erbyn Iesu, er mwyn ei roi i
farwolaeth, ond ni chawsant ddim, er i lawer o
dystion gau ddod ymlaen a dweud,

Gau-dyst   Dywedodd hwn, 'Gallaf fwrw i lawr deml Duw, ac
ymhen tridiau ei hadeiladu.'

Llefarydd   Yna cododd yr archoffeiriad ar ei draed a dweud
wrtho,

Caiaffas   Onid atebi ddim? Beth am dystiolaeth y rhain yn dy
erbyn?

Llefarydd   Parhaodd Iesu'n fud; a dywedodd yr archoffeiriad
wrtho,

Caiaffas   Yr wyf yn rhoi siars i ti dyngu yn enw'r Duw byw a
dweud wrthym ai ti yw'r Meseia, Mab Duw.

Llefarydd   Dywedodd Iesu wrtho,

Iesu   Ti a ddywedodd hynny; ond rwy'n dweud wrthych:
'O hyn allan fe welwch Fab y Dyn
yn eistedd ar ddeheulaw'r Gallu
ac yn dyfod ar gymylau'r nef.

Llefarydd   Yna rhwygodd yr archoffeiriad ei ddillad a dweud,

Caiaffas   Cabledd! Pa raid i ni wrth dystion bellach? Yr ydych newydd glywed ei gabledd. Sut y barnwch chwi?

Ysgrifennydd Y mae'n haeddu marwolaeth.

Llefarydd   Yna poerasant ar ei wyneb a'i gernodio; trawodd rhai ef a dweud,

Llais   Proffwyda i ni, Feseia! Pwy a'th drawodd?

Pedr yn Gwadu Iesu
Mathew 26: 69–75

Llefarydd Yr oedd Pedr yn eistedd y tu allan yn y cyntedd. A daeth un o'r morynion ato a dweud,

Morwyn 1 Yr oeddit tithau hefyd gyda Iesu'r Galilead.

Llefarydd Ond gwadodd ef o flaen pawb a dweud,

Pedr Nid wyf yn gwybod am beth yr wyt ti'n sôn.

Llefarydd Ac wedi iddo fynd allan i'r porth, gwelodd morwyn arall ef a dweud wrth y rhai oedd yno,

Morwyn 2 Yr oedd hwn gyda Iesu'r Nasaread.

Llefarydd Gwadodd yntau drachefn â llw,

Pedr Nid wyf yn adnabod y dyn.

Llefarydd Ymhen ychydig, dyma'r rhai oedd yn sefyll yno yn dod at Pedr a dweud wrtho,

Gwyliwr Yn wir yr wyt ti hefyd yn un ohonynt, achos y mae dy acen yn dy fradychu.

Llefarydd Yna dechreuodd yntau regi a thyngu,

Pedr Nid wyf yn adnabod y dyn.

Llefarydd Ac ar unwaith fe ganodd y ceiliog. Cofiodd Pedr y gair a lefarodd Iesu,
'Cyn i'r ceiliog ganu, fe'm gwedi i deirgwaith.'
Aeth allan ac wylo'n chwerw.

Pilat yn Holi Iesu
Mathew 27: 1–2; 11–14

Llefarydd Pan ddaeth yn ddydd, cynllwyniodd yr holl brif offeiriaid a henuriaid y bobl yn erbyn Iesu i'w roi i farwolaeth. Rhwymasant ef a mynd ag ef ymaith a'i drosglwyddo i Pilat, y rhaglaw.

Safodd Iesu gerbron y rhaglaw; a holodd y rhaglaw ef:

Pilat Ai ti yw Brenin yr Iddewon?

Iesu Ti sy'n dweud hynny.

Llefarydd Atebodd Iesu. A phan gyhuddwyd ef gan y prif offeiriaid a'r henuriaid, nid atebodd ddim. Yna meddai Pilat wrtho,

Pilat Onid wyt yn clywed faint o dystiolaeth y maent yn ei dwyn yn dy erbyn?

Llefarydd Ond ni roes ef iddo ateb i gymaint ag un cyhuddiad, er syndod mawr i'r rhaglaw.

Dedfrydu Iesu i Farwolaeth
Mathew 27: 15–26

Llefarydd   Ar yr ŵyl yr oedd y rhaglaw yn arfer rhyddhau i'r dyrfa un carcharor o'u dewis hwy. A'r pryd hwnnw yr oedd carcharor adnabyddus yn y ddalfa, o'r enw Iesu Barabbas. Felly, wedi iddynt ymgynnull, gofynnodd Pilat iddynt,

Pilat   Pwy a fynnwch i mi ei ryddhau i chwi, Iesu Barrabas ynteu Iesu a elwir y Meseia?

Llefarydd   Oherwydd gwyddai mai o genfigen y traddodasant ef. A thra oedd Pilat yn eistedd ar y brawdle, anfonodd ei wraig neges ato, yn dweud,

Gwraig Pilat   Paid â chael dim i'w wneud â'r dyn cyfiawn yna, oherwydd cefais lawer o ofid mewn breuddwyd neithiwr o'i achos ef.

Llefarydd   Ond perswadiodd y prif offeiriaid a'r henuriaid y tyrfaoedd i ofyn am ryddhau Barrabas a rhoi Iesu i farwolaeth. Atebodd y rhaglaw gan ofyn iddynt,

Pilat   Prun o'r ddau a fynnwch i mi ei ryddhau i chwi?

Tyrfa (Pawb)   Barrabas.

Llefarydd   Meddent hwy. Gofynnodd Pilat iddynt,

Pilat   Beth, ynteu, a wnaf â Iesu a elwir y Meseia?

Llefarydd   Gwaeddasant hwythau yn uwch byth,

Tyrfa (Pawb)   Croeshoelier ef.

Pilat   Ond pa ddrwg a wnaeth ef?

Tyrfa (Pawb) Croeshoelier ef.

Llefarydd   Gwaeddasant hwythau yn uwch byth. Pan welodd Pilat nad oedd dim yn tycio ond yn hytrach bod cynnwrf yn codi, cymerodd ddŵr, a golchodd ei ddwylo o flaen y dyrfa, a dweud,

Pilat   Yr wyf fi'n ddieuog o waed y dyn hwn; chwi fydd yn gyfrifol.

Llefarydd   Ac atebodd yr holl bobl,

Tyrfa (Pawb) Boed ei waed ef arnom ni ac ar ein plant.

Llefarydd   Yna rhyddhaodd Pilat iddynt Barrabas, a thraddododd Iesu, ar ôl ei fflangellu, i'w groeshoelio.

Y Milwyr yn Gwatwar Iesu
Mathew 27: 27–31

Llefarydd Yna cymerodd milwyr y rhaglaw Iesu i'r Praetoriwm a chynnull yr holl fintai o'i gwmpas. Wedi diosg ei ddillad, rhoesant glogyn ysgarlad amdano; plethasant goron o ddrain a'i gosod ar ei ben, a gwialen yn ei law dde. Aethant ar eu gliniau o'i flaen a'i watwar:

Milwr Henffych well, Frenin yr Iddewon!

Llefarydd Poerasant arno, a chymryd y wialen a'i guro ar ei ben. Ac wedi iddynt ei watwar, tynasant y clogyn oddi amdano a'i wisgo ef â'i ddillad ei hun, a mynd ag ef ymaith i'w groeshoelio.

Croeshoelio Iesu
Mathew 27: 32–44

Llefarydd Wrth fynd allan daethant ar draws dyn o Cyrene o'r enw Simon, a gorfodi hwnnw i gario ei groes ef. Daethant i le a elwir Golgotha, hynny yw, 'Lle Penglog', ac yno rhoesant iddo i'w yfed win wedi ei gymysgu â bustl, ond ar ôl iddo ei brofi, gwrthododd ei yfed. Croeshoeliasant ef, ac yna rhanasant ei ddillad, gan fwrw coelbren, ac eisteddasant yno i'w wylio. Uwch ei ben gosodwyd y cyhuddiad yn ei erbyn mewn ysgrifen:

Llais Hwn yw Iesu, Brenin yr Iddewon

Llefarydd Yna croeshoeliwyd gydag ef ddau leidr, un ar y dde ac un ar y chwith. Yr oedd y rhai oedd yn mynd heibio yn ei gablu ef, yn ysgwyd eu pennau a dweud,

Cablwr Ti sydd am fwrw'r deml i lawr a'i hadeiladu mewn tridiau, achub dy hun, os Mab Duw wyt ti, a disgyn oddi ar y groes.

Llefarydd A'r un modd yr oedd y prif offeiriaid hefyd, ynghyd â'r ysgrifenyddion a'r henuriaid, yn ei watwar ac yn dweud,

Offeiriad Fe achubodd eraill; ni all ei achub ei hun. Brenin Israel yn wir! Disgynned yn awr oddi ar y groes ac fe gredwn ynddo. Ymddiriedodd yn Nuw; boed i Dduw ei waredu yn awr, os yw â'i fryd arno, oherwydd dywedodd 'Mab Duw ydwyf'.

Llefarydd Yr un modd, yr oedd hyd yn oed y lladron a groeshoeliwyd gydag ef yn ei wawdio.

Marwolaeth Iesu
Mathew 27: 45–56

Llefarydd   O ganol dydd, daeth tywyllwch dros yr holl wlad hyd dri o'r gloch y prynhawn. A thua thri o'r gloch gwaeddodd Iesu â llef uchel,

Iesu   Eli, Eli, lema sabachthani.

Llefarydd   Hynny yw, 'Fy Nuw, fy Nuw, pam yr wyt wedi fy ngadael?' O glywed hyn, meddai rhai o'r sawl oedd yn sefyll yno,

Llais 1   Y mae hwn yn galw ar Elias.

Llefarydd   Ac ar unwaith fe redodd un ohonynt a chymryd ysbwng a'i lenwi â gwin sur a'i ddodi ar flaen gwialen a'i gynnig iddo i'w yfed. Ond yr oedd y lleill yn dweud,

Llais 2   Gadewch inni weld a ddaw Elias i'w achub.

Llefarydd   Gwaeddodd Iesu drachefn â llef uchel, a bu farw. A dyma len y Deml yn cael ei rhwygo yn ddwy o'r pen i'r gwaelod. Siglwyd y ddaear a holltwyd y creigiau; agorwyd y beddau a chyfodwyd cyrff llawer o'r saint oedd wedi huno. Ac ar ôl atgyfodiad Iesu, daethant allan o'u beddau a mynd i mewn i'r ddinas sanctaidd, ac fe'u gwelwyd gan lawer.

Ond pan welodd y canwriad, a'r rhai oedd gydag ef yn gwylio Iesu, y daeargryn a'r cwbl oedd yn digwydd, daeth ofn mawr arnynt a dywedasant,

Canwriad   Yn wir, Mab Duw oedd hwn.

Llefarydd   Yr oedd yno lawer o wragedd yn edrych o hirbell, rhai oedd wedi canlyn Iesu o Galilea i weini arno; yn eu plith yr oedd Mair Magdalen, Mair mam Iago a Joseff, a mam meibion Sebedeus.

Claddu Iesu
Mathew 27: 57–66

Llefarydd 1 Pan aeth yn hwyr, daeth dyn cyfoethog o Arimathea o'r enw Joseff, a oedd yntau wedi dod yn ddisgybl i Iesu. Aeth hwn at Pilat a gofyn am gorff Iesu; yna gorchmynnodd Pilat ei roi iddo.

Llefarydd 2 Cymerodd Joseff y corff a'i amdói mewn lliain glân, a'i osod yn ei fedd newydd ef ei hun, yr oedd wedi ei naddu yn y graig. Yna treiglodd faen mawr wrth ddrws y bedd ac aeth ymaith. Ac yr oedd Mair Magdalen a'r Fair arall yno yn eistedd gyferbyn â'r bedd.

Llefarydd 1 Trannoeth, y dydd ar ôl y Paratoad, daeth y prif offeiriaid a'r Phariseaid ynghyd at Pilat a dweud,

Offeiriad Syr, daeth i'n cof fod y twyllwr yna, pan oedd eto'n fyw, wedi dweud, 'Ar ôl tridiau fe'm cyfodir.' Felly rho orchymyn i'r bedd gael ei warchod yn ddiogel hyd y trydydd dydd, rhag i'w ddisgyblion ddod a'i ladrata a dweud wrth y bobl, 'Y mae wedi ei gyfodi oddi wrth y meirw;' ac felly bod y twyll olaf yn waeth na'r cyntaf.

Llefarydd 2 Dywedodd Pilat wrthynt,

Pilat Cymerwch warchodlu; ewch a gwnewch y bedd mor ddiogel ag y gallwch.

Llefarydd Aethant hwythau a diogelu'r bedd trwy selio'r maen, a gosod y gwarchodlu wrth law.

Atgyfodiad Iesu
Mathew 28: 1–10

Llefarydd   Ar ôl y Saboth, a dydd cyntaf yr wythnos ar wawrio, daeth Mair Magdalen a'r Fair arall i edrych ar y bedd. A bu daeargryn mawr; daeth angel yr Arglwydd i lawr o'r nef, ac aeth at y maen a'i dreiglo i ffwrdd ac eistedd arno. Yr oedd ei wedd fel mellten a'i wisg yn wyn fel eira. Yn eu dychryn o'i weld, crynodd y gwarchodwyr, ac aethant fel rhai marw. Ond llefarodd yr angel wrth y gwragedd;

Angel   Peidiwch chwi ag ofni. Gwn mai ceisio Iesu, a groeshoeliwyd yr ydych. Nid yw ef yma, oherwydd y mae wedi ei gyfodi, fel y dywedodd y byddai; dewch i weld y man lle bu'n gorwedd. Ac yna ewch ar frys i ddweud wrth ei ddisgyblion, 'Y mae wedi ei gyfodi oddi wrth y meirw, ac yn awr y mae'n mynd o'ch blaen chwi i Galilea; yno y gwelwch ef. Dyna fy neges i chwi.

Llefarydd   Aethant ymaith ar frys oddi wrth y bedd, mewn ofn a llawenydd mawr, a rhedeg i ddweud wrth ei ddisgyblion. A dyma Iesu'n cyfarfod â hwy a dweud,

Iesu   Henffych well!

Llefarydd   Aethant ato a gafael yn ei draed a'i addoli. Yna meddai Iesu wrthynt,

Iesu   Peidiwch ag ofni; ewch a dywedwch wrth fy mrodyr am fynd i Galilea, ac yno fe'm gwelant i.

Adroddiad y Gwarchodlu
Mathew 28: 11–15

Llefarydd   Tra oedd y gwragedd ar eu ffordd, dyma rai o'r gwarchodlu yn mynd i'r ddinas ac yn dweud wrth y prif offeriaid am yr holl bethau a ddigwyddodd. Ac wedi iddynt ymgynnull gyda'r henuriaid ac ymgynghori, rhoesant swm sylweddol o arian i'r milwyr, gan ddweud wrthynt,

Offeiriad   Dywedwch fod ei ddisgyblion ef wedi dod yn y nos, a'i ladrata tra oeddech chwi'n cysgu. Ac os daw hyn i glyw y rhaglaw, fe'i perswadiwn ni ef a sicrhau na fydd raid i chwi bryderu.

Llefarydd   Cymerodd y milwyr yr arian a gwneud fel y cawsant eu cyfarwyddo. Taenwyd y stori hon ar led ymysg Iddewon hyd y dydd heddiw.

Rhoi Comisiwn i'r Disgyblion
Mathew 28: 16–20

Llefarydd   Aeth yr un disgybl ar ddeg i Galilea i'r mynydd lle y trefnodd Iesu iddynt fod; a phan welsant ef addolasant ef, er bod rhai yn amau. Daeth Iesu atynt a llefaru wrthynt:

Iesu   Rhoddwyd i mi bob awdurdod yn y nef ac ar y ddaear. Ewch, gan hynny, a gwnewch ddisgyblion o'r holl genhedloedd, gan eu bedyddio hwy yn enw'r Tad a'r Mab a'r Ysbryd Glân, a dysgu iddynt gadw'r holl orchmynion a roddais i chwi. Ac yn awr, yr wyf gyda chwi bob amser hyd ddiwedd y byd.

Yr Wythnos Fawr yn ôl Marc

Yr Ymdaith Fuddugoliaethus i mewn i Jerwsalem
Marc 11: 1–11

Llefarydd   Pan ddaethant yn agos i Jerwsalem, at Bethffage a Bethania, ger Mynydd yr Olewydd, anfonodd ddau o'i ddisgyblion, ac meddai wrthynt,

Iesu   Ewch i'r pentref sydd gyferbyn â chwi, ac yn syth wrth ichwi fynd i mewn iddo, cewch ebol wedi ei rwymo, un nad oes neb wedi bod ar ei gefn erioed. Gollyngwch ef a dewch ag ef yma. Ac os dywed rhywun wrthych, 'Pam yr ydych yn gwneud hyn?', dywedwch, 'Y mae ar y Meistr ei angen, a bydd yn ei anfon yn ôl yma yn union deg.'

Llefarydd   Aethant ymaith a chawsant ebol wedi ei rwymo wrth ddrws y tu allan ar yr heol, a gollyngasant ef. Ac meddai rhai o'r sawl oedd yn sefyll yno wrthynt,

Person   Beth ydych yn ei wneud, yn gollwng yr ebol?

Llefarydd   Atebasant hwythau fel yr oedd Iesu wedi dweud, a gadawyd iddynt fynd. Daethant â'r ebol at Iesu a bwrw eu mentyll arno, ac eisteddodd yntau ar ei gefn. Taenodd llawer eu mentyll ar y ffordd, ac eraill ganghennau deiliog yr oeddent wedi eu torri o'r meysydd. Ac yr oedd y rhai ar y blaen a'r rhai o'r tu ôl yn gweiddi,

Llais 1   Hosanna!

Llais 2   Bendigedig yw'r un sy'n dod yn enw'r Arglwydd.

Llais 3 Bendigedig yw'r deyrnas sy'n dod,
teyrnas ein tad Dafydd;
Hosanna yn y goruchaf!

Llefarydd Aeth i mewn i Jerwslem ac i'r deml, ac wedi edrych
o'i gwmpas ar bopeth, gan ei bod eisoes yn hwyr,
aeth allan i Fethania gyda'r Deuddeg.

Y Cynllwyn i Ladd Iesu
Marc 14: 1–2

Llefarydd Yr oedd y Pasg a gŵyl y Bara Croyw ymhen
deuddydd. Ac yr oedd y prif offeiriaid a'r
ysgrifenyddion yn ceisio modd i'w ddal trwy ddichell,
a'i ladd. Oherwydd dweud yr oeddent,

Offeiriad Nid yn ystod yr ŵyl, rhag bod cynnwrf ymhlith y
bobl.

Yr Eneinio ym Methania
Marc 14: 3–9

Llefarydd A phan oedd ef ym Methania, wrth bryd bwyd yn
nhŷ Simon y gwahanglwyfus, daeth gwraig a
chanddi ffiol alabaster o ennaint drudfawr, nard pur;
torrodd y ffiol a thywalltodd yr ennaint ar ei ben ef.
Ac yr oedd rhai yn ddig ac yn dweud wrth ei gilydd,

Jwdas I ba beth y bu'r gwastraff hwn ar yr ennaint?
Iscariot Oherwydd gallesid gwerthu'r ennaint hwn am fwy
na thri chant o ddarnau arian a'i roi i'r tlodion.

Llefarydd Ac yr oeddent yn ei cheryddu. Ond dywedodd Iesu,

Iesu Gadewch iddi; pam yr ydych yn ei phoeni?
Gweithred brydferth a wnaeth hi i mi. Y mae'r
tlodion gyda chwi bob amser, a gallwch wneud
cymwynas â hwy pa bryd y mynnwch; ond ni fyddaf
fi gyda chwi bob amser. A allodd hi, fe'i gwnaeth;
achubodd y blaen i eneinio fy nghorff erbyn y
gladdedigaeth. Yn wir, 'rwy'n dweud wrthych, pa le
bynnag y pregethir yr Efengyl yn yr holl fyd,
adroddir hefyd yr hyn a wnaeth hon, er cof amdani.

Gwledd y Pasg gyda'r Disgyblion
Marc 14: 12–21

Llefarydd   Ar ddydd cyntaf gŵyl y Bara Croyw, pan leddid oen y Pasg, dywedodd ei ddisgyblion wrtho,

Disgybl   I ble yr wyt ti am inni fynd i baratoi i ti, i fwyta gwledd y Pasg?

Llefarydd   Ac anfonodd ddau o'i ddisgyblion, ac meddai wrthynt,

Iesu   Ewch i'r ddinas, ac fe ddaw dyn i'ch cyfarfod yn cario stenaid o ddŵr. Dilynwch ef, a dywedwch wrth ŵr y tŷ lle'r â i mewn, 'Y mae'r Athro'n gofyn, "Ble mae f'ystafell, lle yr wyf i fwyta gwledd y Pasg gyda'm disgyblion?"' Ac fe ddengys ef i chwi oruwchystafell fawr wedi ei threfnu'n barod; yno paratowch i ni.

Llefarydd   Aeth y disgyblion ymaith, a daethant i'r ddinas, a chael fel yr oedd ef wedi dweud wrthynt, a pharatoesant wledd y Pasg. Gyda'r nos daeth yno gyda'r Deuddeg.

Ac fel yr oeddent wrth y bwrdd yn bwyta, dywedodd Iesu,

Iesu   Yn wir, 'rwy'n dweud wrthych y bydd i un ohonoch fy mradychu i, un sy'n bwyta gyda mi.

Llefarydd   Dechreusant dristáu a dweud wrtho y naill ar ôl y llall,

Disgybl   Nid myfi?

Llefarydd   Dywedodd yntau wrthynt,

Iesu   Un o'r Deuddeg, un sy'n gwlychu ei fara gyda mi yn y ddysgl. Y mae Mab y Dyn yn wir yn ymadael, fel y mae'n ysgrifenedig amdano, omd gwae'r dyn hwnnw y bradychir Mab y Dyn ganddo! Da fuasai i'r dyn hwnnw petai heb ei eni.

Sefydlu Swper yr Arglwydd
Marc 14: 22–26

Llefarydd Ac wrth iddynt fwyta, cymerodd fara, ac wedi bendithio fe'i torrodd a'i roi iddynt, a dweud,

Iesu Cymerwch; hwn yw fy nghorff.

Llefarydd A chymerodd gwpan, ac wedi diolch fe'i rhoddodd iddynt, ac yfodd pawb ohono. A dywedodd wrthynt,

Iesu Hwn yw fy ngwaed i, gwaed y cyfamod, sy'n cael ei dywallt er mwyn llawer. Yn wir, 'rwy'n dweud wrthych nad yfaf byth mwy o ffrwyth y winwydden hyd y dydd hwnnw pan yfaf ef yn newydd yn nheyrnas Dduw.

Llefarydd Ac wedi iddynt ganu emyn, aethant allan i Fynydd yr Olewydd.

Y Weddi yn Gethsemane
Marc 14: 32–42

Llefarydd   Daethant i le o'r enw Gethsemane, ac meddai ef wrth ei ddisgyblion,

Iesu   Eisteddwch yma tra byddaf yn gweddïo.

Llefarydd   Ac fe gymerodd gydag ef Pedr ac Iago ac Ioan, a dechreuodd deimlo arswyd a thrallod dwys, ac meddai wrthynt,

Iesu   Y mae f'enaid yn drist iawn hyd at farw. Arhoswch yma a gwyliwch.

Llefarydd   Aeth ymlaen ychydig, a syrthiodd ar y ddaear a gweddïo ar i'r awr, petai'n bosibl, fynd heibio iddo. Meddai,

Iesu   Abba! Dad!, y mae pob peth yn bosibl i ti. Cymer y cwpan hwn oddi wrthyf. Eithr nid yr hyn a fynnaf fi, ond yr hyn a fynni di.

Llefarydd   Daeth yn ôl a'u cael hwy'n cysgu, ac meddai wrth Pedr,

Iesu   Simon, ai cysgu yr wyt ti? Oni ellaist wylio am un awr? Gwyliwch, a gweddïwch na ddewch i gael eich profi. Y mae'r ysbryd yn barod ond y cnawd yn wan.

Llefarydd   Aeth ymaith drachefn a gweddïo, gan lefaru'r un geiriau. A phan ddaeth yn ôl fe'u cafodd hwy'n cysgu eto, oherwydd yr oedd eu llygaid yn drwm; ac

ni wyddent beth i'w ddweud wrtho. Daeth y
drydedd waith, a dweud wrthynt,

Iesu A ydych yn dal i gysgu a gorffwys? Dyna ddigon.
Daeth yr awr; dyma Fab y Dyn yn cael ei fradychu i
ddwylo dynion pechaduriaid. Codwch ac awn.
Dyma fy mradychwr yn agosáu.

Bradychu a Dal Iesu
Marc 14: 43–50

Llefarydd Ac yna, tra oedd yn dal i siarad, dyma Jwdas, un o'r Deuddeg, yn cyrraedd, a chydag ef dyrfa yn dwyn cleddyfau a phastynau, wedi eu hanfon gan y prif offeiriaid a'r ysgrifenyddion a'r henuriaid. Yr oedd ei fradychwr wedi rhoi arwydd iddynt gan ddweud,

Jwdas Yr un a gusanaf yw'r dyn; daliwch ef a mynd ag ef ymaith yn ddiogel.

Llefarydd Ac yn union wedi cyrraedd, aeth ato ef a dweud,

Jwdas Rabbi.

Llefarydd A chusanodd ef. Rhoesant hwythau eu dwylo arno a'i ddal. Tynnodd rhywun o blith y rhai oedd yn sefyll gerllaw gleddyf, a thrawodd was yr archoffeiriad a thorri ei glust i ffwrdd. A dywedodd Iesu wrthynt,

Iesu Ai fel at leidr, â chleddyfau a phastynau, y daethoch allan i'm dal i? Yr oeddwn gyda chwi beunydd, yn dysgu yn y deml, ac ni ddaliasoch fi. Ond cyflawner yr Ysgrythurau.

Llefarydd A gadawodd y disgyblion ef bob un, a ffoi.

Iesu gerbron y Sanhedrin
Pedr yn Gwadu Iesu
Marc 14: 53–72

Llefarydd Aethant â Iesu ymaith at yr archofferiad, a daeth y prif offeiriaid oll a'r henuriaid a'r ysgrifenyddion ynghyd. Canlynodd Pedr ef o hirbell, bob cam i mewn i gyntedd yr archoffeiriad, ac yr oedd yn eistedd gyda'r gwasanaethwyr, yn ymdwymo wrth y tân.

Yr oedd y prif offeiriaid a'r holl Sanhedrin yn ceisio tystiolaeth yn erbyn Iesu, i'w roi i farwolaeth, ond yn methu cael dim. Oherwydd yr oedd llawer yn rhoi camdystiolaeth yn ei erbyn ond nid oedd eu tystiolaeth yn gyson. Cododd rhai a chamdystio yn ei erbyn,

Tyst 1 Clywsom ni ef yn dweud 'Mi fwriaf i lawr y deml hon o waith llaw, ac mewn tridiau mi adeiladaf un arall heb fod o waith llaw'.

Llefarydd Ond hyd yn oed felly nid oedd eu tystiolaeth yn gyson. Yna cododd yr archoffeiriad ar ei draed yn y canol, a holodd Iesu:

Arch-offeiriad Onid atebi ddim? Beth am dystiolaeth y rhain yn dy erbyn?

Llefarydd Parhaodd yntau'n fud, heb ateb dim. Holodd yr archoffeiriad ef drachefn, ac meddai wrtho,

Arch-offeiriaid Ai ti yw'r Meseia, Mab y Bendigedig?

Iesu Myfi yw, 'ac fe welwch Fab y Dyn
yn eistedd ar ddeheulaw'r Gallu
ac yn dyfod gyda chymylau'r nef.'

Llefarydd Dywedodd Iesu. Yna rhwygodd yr archoffeiriad ei
ddillad a dweud,

Arch-offeiriad Pa raid i ni wrth dystion bellach? Clywsoch ei
gabledd: sut y barnwch chwi?

Llefarydd A'u dedfryd gytûn arno oedd ei fod yn haeddu
marwolaeth. A dechreuodd rhai boeri arno a rhoi
gorchudd ar ei wyneb, a'i gernodio a dweud wrtho,

Cyhuddwr Proffwyda.

Llefarydd Ac ymosododd y gwasanaethwyr arno â dyrnodiau.

Llefarydd Yr oedd Pedr islaw yn y cyntedd. Daeth un o
forynion yr archoffeiriad, a phan welodd Pedr yn
ymdwymo edrychodd arno ac meddai,

Morwyn Yr oeddit tithau hefyd gyda'r Nasaread, Iesu

Llefarydd Ond gwadodd ef a dweud,

Pedr Nid wyf yn gwybod nac yn deall am beth yr wyt ti'n
sôn.

Llefarydd Ac aeth allan i'r porth. Gwelodd y forwyn ef, a
dechreuodd ddweud wedyn wrth y rhai oedd yn
sefyll yn ymyl,

Morwyn Y mae hwn yn un ohonynt.

Llefarydd Gwadodd yntau drachefn. Ymhen ychydig, dyma'r rhai oedd yn sefyll yn ymyl yn dweud wrth Pedr,

Gwas Yr wyt yn wir yn un ohonynt, achos Galilead wyt ti.

Llefarydd Dechreuodd yntau regi a thyngu;

Pedr Nid wyf yn adnabod y dyn hwn yr ydych yn sôn amdano.

Llefarydd Ac yna canodd y ceiliog yr ail waith. Cofiodd Pedr ymadrodd Iesu wrtho, fel y dywedodd, 'Cyn i'r ceiliog ganu ddwywaith, fe'm gwedi i deirgwaith.' A thorrodd i wylo.

Iesu gerbron Pilat a dedfrydu Iesu i farwolaeth
Marc 15: 1–15

Llefarydd Cyn gynted ag y daeth hi'n ddydd, ymgynghorodd y prif offeiriaid â'r henuriaid a'r ysgrifenyddion a'r holl Sanhedrin; yna rhwymasant Iesu a mynd ag ef ymaith a'i drosglwyddo i Pilat. Holodd Pilat ef:

Pilat Ai ti yw Brenin yr Iddewon?

Llefarydd Atebodd yntau ef:

Iesu Ti sy'n dweud hynny.

Llefarydd Ac yr oedd y prif offeriaid yn dwyn llawer o gyhuddiadau yn ei erbyn. Holodd Pilat ef wedyn:

Pilat Onid atebi ddim? Edrych faint o gyhuddiadau y maent yn eu dwyn yn dy erbyn.

Llefarydd Ond nid atebodd Iesu ddim mwy, er syndod i Pilat.

Llefarydd Ar yr ŵyl yr oedd Pilat yn arfer rhyddhau iddynt un carcharor y gofynnent amdano. Ac yr oedd y dyn a elwid Barabbas yn y carchar gyda'r gwrthryfelwyr hynny oedd wedi llofruddio yn ystod y gwrthryfel. Daeth y dyrfa i fyny a dechrau gofyn i Pilat wneud yn ôl ei arfer iddynt. Atebodd Pilat hwy:

Pilat A fynnwch i mi ryddhau i chwi Frenin yr Iddewon?

Llefarydd Oherwydd gwyddai mai o genfigen yr oedd y prif offeiriaid wedi ei draddodi ef. Ond cyffrôdd y prif offeiriaid y dyrfa i geisio ganddo yn hytrach ryddhau Barabbas iddynt. Atebodd Pilat drachefn, ac meddai wrthynt,

Pilat Beth, ynteu, a wnaf â hwn yr ydych yn ei alw yn Frenin yr Iddewon?

Llefarydd Gwaeddasant hwythau yn ôl,

Llais Croeshoelia ef.

Pilat Ond pa ddrwg a wnaeth ef?

Llefarydd Meddai Pilat wrthynt. Gwaeddasant hwythau yn uwch fyth,

Llais Croeshoelia ef.

Llefarydd A chan ei fod yn awyddus i fodloni'r dyrfa, rhyddhaodd Pilat Barabbas iddynt a thraddododd Iesu, ar ôl ei fflangellu, i'w groeshoelio.

Y Milwyr yn Gwatwar Iesu
Marc 15: 16–20

Llefarydd Aeth y milwyr ag ef ymaith i mewn i'r cyntedd, hynny yw, i'r Praetoriwm, a galw ynghyd yr holl fintai. A gwisgasant ef â phorffor, a phlethu coron o ddrain a'i gosod am ei ben. A dechreuasant ei gyfarch:

Milwr Henffych well, Frenin yr Iddewon!

Llefarydd Curasant ei ben â gwialen, a phoeri arno, a phlygu eu gliniau ac ymgrymu iddo. Ac wedi iddynt ei watwar, tynasant y porffor oddi amdano a'i wisgo ef â'i ddillad ei hun. Yna aethant ag ef allan i'w groeshoelio.

Croeshoelio Iesu
Marc 15: 21-32

Llefarydd 1 Gorfodasant un oedd yn mynd heibio ar ei ffordd o'r wlad, Simon o Cyrene, tad Alexander a Rwffus, i gario ei groes ef. Daethant ag ef i'r lle a elwir Golgotha, hynny yw, o'i gyfieithu, 'Lle Penglog'. Cynigiasant iddo win â myrr ynddo, ond ni chymerodd ef. A chroeshoeliasant ef, a rhanasant ei ddillad, gan fwrw coelbren arnynt i benderfynu beth a gâi pob un.

Llefarydd 2 Naw o'r gloch y bore oedd hi pan groeshoeliasant ef. Ac yr oedd arysgrif y cyhuddiad yn ei erbyn yn dweud, 'Brenin yr Iddewon.'

Llefarydd 2 A chydag ef croeshoeliasant ddau leidr, un ar y dde ac un ar y chwith iddo. Yr oedd y rhai oedd yn mynd heibio yn ei gablu ef, yn ysgwyd eu pennau a dweud,

Cablwr Oho, ti sydd am fwrw'r deml i lawr a'i hadeiladu mewn tridiau, disgyn oddi ar y groes ac achub dy hun.

Llefarydd 2 A'r un modd yr oedd y prif offeiriaid hefyd, ynghyd â'r ysgrifenyddion, yn ei watwar wrth ei gilydd, ac yn dweud,

Offeiriad Fe achubodd eraill; ni all ei achub ei hun. Disgynned y Meseia, Brenin Israel, yn awr oddi ar y groes, er mwyn inni weld a chredu.

Llefarydd 1 Yr oedd hyd yn oed y rhai a groeshoeliwyd gydag ef yn ei wawdio.

Marwolaeth Iesu
Marc 15:33–41

Llefarydd 1 A phan ddaeth yn hanner dydd, bu tywyllwch dros yr holl wlad hyd dri o'r gloch y prynhawn. Ac am dri o'r gloch gwaeddodd Iesu â llef uchel,

Iesu Eloï, Eloï, lema sabachthani?

Llefarydd 2 Hynny yw, o'i gyfieithu, 'Fy Nuw, fy Nuw, pam yr wyt wedi fy ngadael? O glywed hyn, meddai rhai o'r sawl oedd yn sefyll gerllaw,

Llais 1 Clywch y mae'n galw ar Elias.

Llefarydd 1 Rhedodd rhywun a llenwi ysbwng â gwin sur a'i ddodi ar flaen gwialen a'i gynnig iddo i'w yfed. Meddai,

Llais 2 Gadewch inni weld a ddaw Elias i'w dynnu ef i lawr.

Llefarydd 2 Ond rhoes Iesu lef uchel, a bu farw. A rhwygwyd llen y deml yn ddwy o'r pen i'r gwaelod. Pan welodd y canwriad, a oedd yn sefyll gyferbyn ag ef, mai gyda gwaedd felly y bu farw, dywedodd,

Canwriad Yn wir, Mab Duw oedd y dyn hwn.

Llefarydd 1 Yr oedd gwragedd hefyd yn edrych o hirbell; yn eu plith yr oedd Mair Magdalen, a Mair mam Iago Fychan a Joses, a Salome, gwragedd a fu'n ei ganlyn ac yn gweini arno pan oedd yng Ngalilea, a llawer o wragedd eraill oedd wedi dod i fyny gydag ef i Jerwsalem.

Claddu *Iesu*
Marc 15: 42-47

Llefarydd 1 Yr oedd hi eisoes yn hwyr, a chan ei bod yn ddydd Paratoad, hynny yw y dydd cyn y Saboth, daeth Joseff o Arimathea, cynghorwr uchel ei barch a oedd yntau'n disgwyl am deyrnas Dduw, a mentrodd fynd i mewn at Pilat a gofyn am gorff Iesu.

Llefarydd 2 Rhyfeddodd Pilat ei fod eisoes wedi marw, a galwodd y canwriad ato a gofyn iddo a oedd wedi marw ers meitin. Ac wedi cael gwybod gan y canwriad, rhoddodd y corff i Joseff. Prynodd yntau liain, ac wedi ei dynnu ef i lawr, a'i amdói yn y lliain, gosododd ef mewn bedd wedi ei naddu o'r graig: a threiglodd faen ar ddrws y bedd. Ac yr oedd Mair Magdalen a Mair mam Joses yn edrych ym mhle y gosodwyd ef.

Atgyfodiad Iesu
Marc 16: 1–8

Llefarydd Wedi i'r Saboth fynd heibio, prynodd Mair Magdalen, a Mair mam Iago, a Salome, beraroglau, er mwyn mynd i'w eneinio ef. Ac yn fore iawn ar y dydd cyntaf o'r wythnos, a'r haul newydd godi, dyma hwy'n dod at y bedd. Ac meddent wrth ei gilydd,

Mair Magdalen Pwy a dreigla'r maen i ffwrdd i ni oddi wrth ddrws y bedd?

Llefarydd Ond wedi edrych i fyny, gwelsant fod y maen wedi ei dreiglo i ffwrdd; oherwydd yr oedd yn un mawr iawn. Aethant i mewn i'r bedd, a gwelsant ddyn ifanc yn eistedd ar yr ochr dde, a gwisg laes wen amdano, a daeth arswyd arnynt. Meddai yntau wrthynt,

Dyn Ifanc Peidiwch ag arswydo. Yr ydych yn ceisio Iesu, y gŵr o Nasareth a groeshoeliwyd. Y mae wedi ei gyfodi; nid yw yma; dyma'r man lle gosodasant ef. Ond ewch, dywedwch wrth ei ddisgyblion ac wrth Pedr, 'Y mae'n mynd o'ch blaen chwi i Galilea; yno y gwelwch ef, fel y dywedodd wrthych.'

Llefarydd Daethant allan, a ffoi oddi wrth y bedd, oherwydd yr oeddent yn crynu o arswyd. Ac ni ddywedasant ddim wrth neb, oherwydd yr oedd ofn arnynt.

Yr Wythnos Fawr yn ôl Luc

Yr Ymdaith Fuddugoliaethus i mewn i Jerwsalem
Luc 19: 28-44

Llefarydd Wedi dweud hyn aeth rhagddo ar ei ffordd i fyny i Jerwsalem, gan gerdded ar y blaen. Pan gyrhaeddodd yn agos i Bethffage a Bethania, ger y mynydd a elwir Olewydd, anfonodd ddau o'i ddisgyblion gan ddweud,

Iesu Ewch i'r pentref gyferbyn. Wrth ichwi ddod i mewn iddo cewch yno ebol wedi ei rwymo, un nad oes neb wedi bod ar ei gefn erioed. Gollyngwch ef a dewch ag ef yma. Ac os bydd rhywun yn gofyn i chwi, 'Pam yr ydych yn ei ollwng' dywedwch fel hyn: 'Y mae ar y Meistr ei angen.'

Llefarydd Aeth y rhai a anfonwyd, a chael yr ebol, fel yr oedd ef wedi dweud wrthynt. Pan oeddent yn gollwng yr ebol, meddai ei berchenogion wrthynt,

Person Pam yr ydych yn gollwng yr ebol?

Llefarydd Atebasant hwythau,

Disgybl 1 Y mae ar y Meistr ei angen.

Llefarydd A daethant eg ef at Iesu. Yna taflasant eu mentyll ar yr ebol, a gosod Iesu ar ei gefn. Wrth iddo fynd yn ei flaen, yr oedd pobl yn taenu eu mentyll ar y ffordd. Pan oedd yn nesáu at y ffordd sy'n disgyn o Fynydd yr Olewydd, dechreuodd holl dyrfa ei ddisgyblion yn eu llawenydd foli Duw â llais uchel am yr holl wyrthiau yr oeddent wedi eu gweld, gan ddweud:

Disgybl 2   Bendigedig yw'r un sy'n dod
yn frenin yn enw'r Arglwydd;

Disgybl 3   yn y nef, tangnefedd,
a gogoniant yn y goruchaf.

Llefarydd   Ac meddai rhai o'r Phariseaid wrtho o'r dyrfa,

Pharisead   Athro, cerydda dy ddisgyblion.

Llefarydd   Atebodd yntau,

Iesu   Rwy'n dweud wrthych, os bydd y rhain yn tewi,
bydd y cerrig yn gweiddi.

Llefarydd   Pan ddaeth yn agos a gweld y ddinas, wylodd
drosti gan ddweud,

Iesu   Pe bait tithau, y dydd hwn, wedi adnabod ffordd
tangnefedd - ond na, fe'i cuddiwyd rhag dy lygaid.
Oherwydd daw arnat ddyddiau pan fydd dy elynion
yn codi clawdd yn dy erbyn, ac yn dy amgylchynu
ac yn gwasgu arnat o bob tu. Fe'th ddymchwelant
hyd dy seiliau, ti a'th blant o'th fewn; ni adawant
faen ar faen ynot ti, oherwydd dy fod heb adnabod
yr amser pan ymwelwyd â thi.

Paratoi Gwledd y Pasg
Luc 22: 7-14, 21-23

Llefarydd Daeth dydd gŵyl y Bara Croyw, pryd yr oedd yn rhaid lladd oen y Pasg. Anfonodd ef Pedr ac Ioan a dweud,

Iesu Ewch a pharatowch inni gael bwyta gwledd y Pasg.

Llefarydd Meddent hwy wrtho,

Disgybl Ble yr wyt ti am inni ei pharatoi?

Llefarydd Atebodd hwy,

Iesu Wedi i chwi fynd i mewn i'r ddinas fe ddaw dyn i'ch cyfarfod, yn cario stenaid o ddŵr. Dilynwch ef i'r tŷ yr â i mewn iddo, a dywedwch wrth ŵr y tŷ, 'Y mae'r Athro yn gofyn i ti, "Ble mae f'ystafell, lle yr wyf i fwyta gwledd y Pasg gyda'm disgyblion?"' Ac fe ddengys i chwi oruwchystafell fawr wedi ei threfnu; yno paratowch.

Llefarydd Aethant ymaith, a chael fel yr oedd ef wedi dweud wrthynt, a pharatoesant wledd y Pasg.

Sefydlu Swper yr Arglwydd
Luc 22: 14–23

Llefarydd   Pan ddaeth yr awr, cymerodd ei le wrth y bwrdd, a'r apostolion gyda ef. Meddai wrthynt,

Iesu   Mor daer y bûm yn dyheu am gael bwyta gwledd y Pasg hwn gyda chwi cyn imi ddioddef! Oherwydd rwy'n dweud wrthych na fwytâf hi byth hyd nes y cyflawnir hi yn nheyrnas Dduw.

Llefarydd   Derbyniodd gwpan, ac wedi diolch meddai,

Iesu   Cymerwch hwn a rhannwch ef ymhlith eich gilydd. Oherwydd rwy'n dweud wrthych nad yfaf o hyn allan ffrwyth y winwydden hyd nes y daw teyrnas Dduw.

Llefarydd   Cymerodd fara, ac wedi diolch fe'i torrodd a'i roi iddynt gan ddweud,

Iesu   Hwn yw fy nghorff, sy'n cael ei roi er eich mwyn chwi; gwnewch hyn er cof amdanaf.

Llefarydd   Yr un modd hefyd fe gymerodd y cwpan ar ôl swper gan ddweud,

Iesu   Y cwpan hwn yw'r cyfamod newydd yn fy ngwaed i, sy'n cael ei dywallt er eich mwyn chwi. Ond dyma law fy mradychwr gyda'm llaw i ar y bwrdd. Oherwydd y mae Mab y Dyn yn wir yn mynd ymaith, yn ôl yr hyn sydd wedi ei bennu, ond gwae'r dyn hwnnw y bradychir ef ganddo! A dechreuasant ofyn ymhlith ei gilydd prun ohonynt oedd yr un oedd am wneud hynny.

Y Weddi ar Fynydd yr Olewydd
Luc 22: 39–46

Llefarydd   Yna aeth allan, a cherdded yn ôl ei arfer i Fynydd yr Olewydd, a'i ddisgyblion hefyd yn ei ddilyn. Pan gyrhaeddodd y fan, meddai wrthynt,

Iesu   Gweddïwch na ddewch i gael eich profi.

Llefarydd   Yna ymneilltuodd Iesu oddi wrthynt tuag ergyd carreg, a chan benlinio dechreuodd weddïo gan ddweud,

Iesu   O Dad, os wyt ti'n fodlon, cymer y cwpan hwn oddi wrthyf. Ond gwneler dy ewyllys di, nid fy ewyllys i.

Llefarydd   Ac ymddangosodd angel o'r nef iddo, a'i gyfnerthu. Gan gymaint ei ing yr oedd yn gweddïo'n ddwysach, ac yr oedd ei chwys fel dafnau o waed yn diferu ar y ddaear. Cododd o'i weddi a mynd at ei ddisgyblion a'u cael yn cysgu o achos eu gofid. Meddai wrthynt,

Iesu   Pam yr ydych yn cysgu? Codwch, a gweddïwch na ddewch i gael eich profi.

Bradychu a Dal Iesu
Luc 22: 47–53

Llefarydd   Tra oedd yn dal i siarad, fe ymddangosodd tyrfa, a Jwdas, fel y'i gelwid, un o'r Deuddeg, ar ei blaen. Nesaodd ef at Iesu i'w gusanu. Meddai Iesu wrtho,

Iesu   Jwdas, ai â chusan yr wyt yn bradychu Mab y Dyn?

Llefarydd   Pan welodd ei ddilynwyr beth oedd ar ddigwydd, meddent,

Disgybl   Arglwydd, a gawn ni daro â'n cleddyfau?

Llefarydd   Trawodd un ohonynt was yr archoffeiriad a thorri ei glust dde i ffwrdd. Atebodd Iesu,

Iesu   Peidiwch! Dyna ddigon!

Llefarydd   Cyffyrddodd â'r glust a'i hadfer. Yna meddai Iesu wrth y rhai oedd wedi dod yn ei erbyn, y prif offeiriaid a swyddogion gwarchodlu'r deml a'r henuriaid,

Iesu   Ai fel at leidr, â chleddyfau a phastynau, y daethoch allan? Er fy mod gyda chwi beunydd yn y deml, ni wnaethoch ddim i'm dal. Ond eich awr chwi yw hon, a'r tywyllwch biau'r awdurdod.

Pedr yn Gwadu Iesu
Luc 22: 54–62

Llefarydd Daliasant ef, a mynd ag ef ymaith i mewn i dŷ'r archoffeiriad. Yr oedd Pedr yn canlyn o hirbell. Cyneuodd rhai dân yng nghanol y cyntedd, ac eistedd gyda'i gilydd. Eisteddodd Pedr yn eu plith. Gwelodd morwyn ef yn eistedd wrth y tân, ac wedi syllu arno meddai,

Morwyn Yr oedd hwn hefyd gydag ef.

Llefarydd Ond gwadodd ef a dweud,

Pedr Nid wyf fi'n ei adnabod, ferch.

Llefarydd Yn fuan wedi hynny gwelodd un arall ef, ac meddai,

Dyn 1 Yr wyt tithau yn un ohonynt.

Llefarydd Ond meddai Pedr,

Pedr Nac ydwyf, ddyn.

Llefarydd Ymhen rhyw awr, dechreuodd un arall daeru,

Dyn 2 Yn wir yr oedd hwn gydag ef, oherwydd Galilead ydyw.

Pedr Ddyn, nid wyf yn gwybod am beth yr wyt ti'n sôn.

Llefarydd Meddai Pedr. Ac ar unwaith, tra oedd yn dal i siarad, canodd y ceiliog. Troes yr Arglwydd ac edrych ar Pedr, a chofiodd ef air yr Arglwydd wrtho, 'Cyn i'r ceiliog ganu heddiw, fe'm gwedi i deirgwaith,' Aeth allan ac wylo'n chwerw.

Gwatwar a Churo Iesu
Luc 22:63–65

Llefarydd   Yr oedd gwarcheidwaid Iesu yn ei watwar a'i guro. Rhoesant orchudd amdano, a dechrau ei holi gan ddweud,

Llais   Proffwyda! Pwy a'th drawodd?

Llefarydd   A dywedasant lawer o bethau cableddus eraill wrtho.

Iesu gerbron y Sanhedrin, Pilat a Herod
Luc 22: 66–71; 23: 1–12

Llefarydd Pan ddaeth yn ddydd, cyfarfu Cyngor henuriaid y bobl, y prif offeiriaid a'r ysgrifenyddion. Daethant ag ef gerbron eu brawdlys, gan ddweud,

Offeiriad Os ti yw'r Meseia, dywed hynny wrthym.

Llefarydd Meddai yntau wrthynt,

Iesu Os dywedaf hynny wrthych, fe wrthodwch gredu; ac os holaf chwi fe wrthodwch ateb. O hyn allan bydd Mab y Dyn yn eistedd ar ddeheulaw Gallu Duw.

Offeiriad Ti felly yw Mab Duw.

Llefarydd Meddent oll. Atebodd hwy,

Iesu Chwi sy'n dweud mai myfi yw.

Llefarydd Yna meddent,

Offeiriad Pa raid inni wrth dystiolaeth bellach? Oherwydd clywsom ein hunain y geiriau o'i enau ef.

Llefarydd Codasant oll yn dyrfa a dod ag ef gerbron Pilat. Dechreuasant ei gyhuddo gan ddweud,

Cyhuddwr Cawsom y dyn hwn yn arwain ein cenedl ar gyfeiliorn, yn gwahardd talu trethi i Gesar, ac yn honni mai ef yw'r Meseia, sef y brenin.

Llefarydd Holodd Pilat ef:

Pilat   Ai ti yw Brenin yr Iddewon?

Llefarydd   Atebodd yntau ef,

Iesu   Ti sy'n dweud hynny.

Llefarydd   Ac meddai Pilat wrth y prif offeiriaid a'r tyrfaoedd,

Pilat   Nid wyf yn cael dim trosedd yn achos y dyn hwn.

Llefarydd   Ond dal i daeru yr oeddent:

Cyhuddwr   Y mae'n cyffroi'r bobl â'i ddysgeidiaeth, trwy Jwdea gyfan. Dechreuodd yng Ngalilea, ac y mae wedi cyrraedd hyd yma.

Llefarydd   Pan glywodd Pilat hyn, gofynnodd ai Galilead oedd y dyn; ac wedi deall ei fod dan awdurdod Herod, cyfeiriodd yr achos ato, gan fod Herod yntau yn Jerwsalem y dyddiau hynny. Pan welodd Herod Iesu, mawr oedd ei lawenydd; bu'n awyddus ers amser hir i'w weld, gan iddo glywed amdano, ac yr oedd yn gobeithio ei weld yn cyflawni rhyw wyrth. Bu'n ei holi'n faith,   ond nid atebodd Iesu iddo yr un gair.

Yr oedd y prif offeiriaid a'r ysgrifenyddion yno, yn ei gyhuddo yn ffyrnig. A'i drin yn sarhaus a wnaeth Herod hefyd, ynghyd â'i filwyr. Fe'i gwatwarodd, a gosododd wisg ysblennydd amdano, cyn cyfeirio'r achos yn ôl at Pilat. Daeth Herod a Philat yn gyfeillion i'w gilydd y dydd hwnnw; cyn hynny yr oedd gelyniaeth rhyngddynt.

Dedfrydu Iesu i Farwolaeth
Luc 23: 13–25

Llefarydd Galwodd Pilat y prif offeiriaid ac aelodau'r Cyngor a'r bobl ynghyd, ac meddai wrthynt,

Pilat Daethoch â'r dyn hwn ger fy mron fel un sy'n arwain y bobl ar gyfeiliorn. Yn awr, yr wyf fi wedi holi'r dyn hwn yn eich gŵydd chwi, a heb gael ei fod yn euog o unrhyw un o'ch cyhuddiadau yn ei erbyn; ac ni chafodd Herod chwaith, oherwydd cyfeiriodd ef ei achos yn ôl atom ni. Fe welwch nad yw wedi gwneud dim sy'n haeddu marwolaeth. Gan hynny, mi ddysgaf wers iddo â'r chwip a'i ollwng yn rhydd.

Llefarydd Ond gwaeddasant ag un llais,

Tyrfa (2 lais) Ymaith â hwn, rhyddha Barabbas inni.
Llefarydd Dyn oedd hwnnw wedi ei fwrw i garchar o achos gwrthryfel a llofruddiaeth oedd wedi digwydd yn y ddinas. Drachefn anerchodd Pilat hwy, yn ei awydd i ryddhau Iesu, ond bloeddiasant hwy,

Tyrfa (2 lais) Croeshoelia ef, croeshoelia ef.

Llefarydd Y drydedd waith meddai wrthynt,

Pilat Ond pa ddrwg a wnaeth ef? Ni chefais unrhyw achos i'w ddedfrydu i farwolaeth. Gan hynny, mi ddysgaf wers iddo â'r chwip a'i ollwng yn rhydd.

Llefarydd Ond yr oeddent yn pwyso arno â'u crochlefain byddarol, gan fynnu ei groeshoelio ef, ac yr oedd eu bonllefau yn ennill y dydd. Yna penderfynodd

Pilat ganiatáu eu cais; rhyddhaodd yr hwn yr oeddent yn gofyn amdano, y dyn oedd wedi ei fwrw i garchar am wrthryfela a llofruddio, a thraddododd Iesu i'w hewyllys hwy.

Croeshoelio Iesu
Luc 23: 26–43

Llefarydd Wedi mynd ag ef ymaith gafaelasant yn Simon, dyn o Cyrene, a oedd ar ei ffordd o'r wlad, a gosod y groes ar ei gefn, iddo ei chario y tu ôl i Iesu. Yr oedd tyrfa fawr o'r bobl yn ei ddilyn, ac yn eu plith wragedd yn galaru ac yn wylofain drosto. Troes Iesu atynt a dweud,

Iesu Ferched Jerwsalem, peidiwch ag wylo amdanaf fi; wylwch yn hytrach amdanoch eich hunain ac am eich plant. Oherwydd dyma ddyddiau yn dod pan fydd pobl yn dweud, 'Gwyn eu byd y gwragedd diffrwyth a'r crothau nad esgorasant a'r bronnau na roesant sugn.' Y pryd hwnnw bydd pobl yn dechrau 'Dweud wrth y mynyddoedd,
"Syrthiwch arnom",
ac wrth y bryniau,
"Gorchuddiwch ni"'
Oherwydd os gwneir hyn i'r pren glas, pa beth a ddigwydd i'r pren crin?

Lleferydd Daethpwyd ag eraill hefyd, dau droseddwr, i'w dienyddio gydag ef. Pan ddaethant i'r lle a elwir Y Benglog, yno croeshoeliwyd ef a'r troseddwyr, y naill ar y dde a'r llall ar y chwith iddo.
Ac meddai Iesu,

Iesu O Dad, maddau iddynt, oherwydd ni wyddant beth y maent yn ei wneud.

Llefarydd A bwriasant goelbrennau i rannu ei ddillad. Yr oedd y bobl yn sefyll yno, yn gwylio. Yr oedd aelodau'r Cyngor hwythau yn ei wawdio gan ddweud,

Offeiriad   Fe achubodd eraill; achubed ei hun, os ef yw Mab Duw, yr Etholedig.

Llefarydd   Daeth y milwyr hefyd ato a'i watwar, gan gynnig gwin sur iddo, a chan ddweud,

Milwr   Os ti yw Brenin yr Iddewon, achub dy hun.

Llefarydd   Yr oedd hefyd arysgrif uwch ei ben, 'Hwn yw Brenin yr Iddewon.' Yr oedd un o'r troseddwyr ar ei groes yn ei gablu gan ddweud,

Troseddwr 1 Onid ti yw'r Meseia? Achub dy hun a ninnau.

Llefarydd   Ond atebodd y llall a'i geryddu:

Troseddwr 2 Onid oes arnat ofn Duw, a thithau dan yr un ddedfryd? I ni, y mae hynny'n gyfiawn, oherwydd haeddiant ein gweithredoedd sy'n dod inni. Ond ni wnaeth hwn ddim o'i le.

Llefarydd   Yna dywedodd,

Troseddwr 2 Iesu, cofia fi pan ddoi i'th deyrnas.

Llefarydd   Atebodd yntau,

Iesu   Yn wir, 'rwy'n dweud wrthyt, heddiw byddi gyda mi ym Mharadwys.

Marwolaeth Iesu
Luc 23: 44–49

Llefarydd Erbyn hyn yr oedd hi tua hanner dydd. Daeth tywyllwch dros yr holl wlad hyd dri o'r gloch y prynhawn, a'r haul wedi diffodd. Rhwygwyd llen y deml yn ei chanol. Llefodd Iesu â llef uchel,

Iesu O Dad, i'th ddwylo di yr wyf yn cyflwyno fy ysbryd.

Llefarydd A chan ddweud hyn bu farw. Pan welodd y canwriad yr hyn oedd wedi digwydd, dechreuodd ogoneddu Duw gan ddweud,

Canwriad Yn wir, dyn cyfiawn oedd hwn.

Llefarydd Ac wedi gweld yr hyn a ddigwyddodd, troes yr holl dyrfaoedd, a oedd wedi ymgynnull i wylio'r olygfa, tuag adref gan guro eu bronnau. Yr oedd ei holl gyfeillion ynghyd â'r gwragedd oedd wedi ei ddilyn ef o Galilea, yn sefyll yn y pellter ac yn gweld y pethau hyn.

Claddu Iesu
Luc 23: 50–56

Llefarydd 1 Yr oedd dyn o'r enw Joseff, aelod o'r Cyngor a dyn da a chyfiawn, nad oedd wedi cydsynio â'u penderfyniad a'u gweithred hwy. Yr oedd yn hanu o Arimathea, un o drefi'r Iddewon, ac yn disgwyl am deyrnas Dduw.

Llefarydd 2 Aeth hwn at Pilat a gofyn am gorff Iesu. Wedi ei dynnu ef i lawr a'i amdói mewn lliain, gosododd ef mewn bedd wedi ei naddu, lle nad oedd neb hyd hynny wedi gorwedd.

Llefarydd 1 Dydd y Paratoad oedd hi, ac yr oedd y Saboth ar ddechrau. Fe ddilynodd y gwragedd oedd wedi dod gyda Iesu o Galilea, a gwelsant y bedd a'r modd y gosodwyd ei gorff. Yna aethant yn eu holau i baratoi peraroglau ac eneiniau. Ar y Saboth buont yn gorffwys yn ôl y gorchymyn.

Atgyfodiad Iesu
Luc 24: 1–12

Llefarydd   Ar y dydd cyntaf o'r wythnos, ar doriad gwawr, daethant at y bedd gan ddwyn y peraroglau yr oeddent wedi eu paratoi. Cawsant y maen wedi ei dreiglo i ffwrdd oddi wrth y bedd, ond pan aethant i mewn ni chawsant gorff yr Arglwydd Iesu. Yna, a hwythau mewn penbleth ynglŷn â hyn, dyma ddau ddyn yn ymddangos iddynt mewn gwisgoedd llachar. Daeth ofn arnynt, a phlygasant eu hwynebau tua'r ddaear. Meddai'r dynion wrthynt,

Dyn   Pam yr ydych yn ceisio ymhlith y meirw yr hwn sy'n fyw? Nid yw ef yma; y mae wedi ei gyfodi. Cofiwch fel y llefarodd wrthych tra oedd eto yng Ngalilea, gan ddweud ei bod yn rhaid i Fab y Dyn gael ei draddodi i ddwylo dynion pechadurus, a'i groeshoelio, a'r trydydd dydd atgyfodi.

Llefarydd   A daeth ei eiriau ef i'w cof. Dychwelsant o'r bedd, ac adrodd yr holl bethau hyn wrth yr un ar ddeg ac wrth y lleill i gyd. Mair Magdalen a Joanna a Mair mam Iago oedd y gwragedd hyn; a'r un pethau a ddywedodd y gwragedd eraill hefyd, oedd gyda hwy, wrth yr apostolion.

Ond i'w tyb hwy, lol oedd yr hanesion hyn, a gwrthodasant gredu'r gwragedd. Ond cododd Pedr a rhedeg at y bedd; plygodd i edrych, ac ni welodd ddim ond y llieiniau. Ac aeth ymaith, gan ryfeddu wrtho'i hun at yr hyn oedd wedi digwydd.

Cerdded i Emaus
Luc 24: 13–35

Llefarydd   Yn awr, yr un dydd, yr oedd dau ohonynt ar eu ffordd i bentref, un cilomedr ar ddeg o Jerwsalem, o'r enw Emaus. Yr oeddent yn ymddiddan â'i gilydd am yr holl ddigwyddiadau hyn. Yn ystod yr ymddiddan a'r trafod, nesaodd Iesu ei hun atynt a dechrau cerdded gyda hwy, ond rhwystrwyd eu llygaid rhag ei adnabod ef. Meddai wrthynt,

Iesu   Beth yw'r sylwadau hyn yr ydych yn eu cyfnewid wrth gerdded?

Llefarydd   Safasant hwy, a'u digalondid yn eu hwynebau. Atebodd yr un o'r enw Cleopas,

Cleopas   Rhaid mai ti yw'r unig ymwelydd â Jerwsalem nad yw'n gwybod am y pethau sydd wedi digwydd yno y dyddiau diwethaf hyn.

Iesu   Pa bethau?

Llefarydd   Meddai wrthynt. Atebasant hwythau,

Cleopas   Y pethau sydd wedi digwydd i Iesu o Nasareth, dyn oedd yn broffwyd nerthol ei weithredoedd a'i eiriau yng ngŵydd Duw a'r holl bobl. Traddododd ein prif offeiriaid ac aelodau ein Cyngor ef i'w ddedfrydu i farwolaeth, ac fe'i croeshoeliasant.

Cyfaill   Ein gobaith ni oedd mai ef oedd yr un oedd yn mynd i brynu Israel i ryddid, ond at hyn oll, heddiw yw'r trydydd dydd er pan ddigwyddodd y pethau hyn. Er hynny fe'n syfrdanwyd gan rai gwragedd o'n plith; aethant yn y bore bach at y bedd, a methasant gael ei gorff, ond dychwelasant gan daeru eu bod wedi gweld angylion yn ymddangos, a bod y rheini yn dweud ei fod ef yn fyw.

Cleopas Aeth rhai o'n cwmni allan at y bedd, a'i gael yn union fel y dywedodd y gwragedd, ond ni welsant mohono ef.

Llefarydd Meddai Iesu wrthynt,

Iesu Mor ddiddeall ydych, ac mor araf yw eich calonnau i gredu'r cwbl a lefarodd y proffwydi! Onid oedd yn rhaid i'r Meseia ddioddef y pethau hyn, a mynd i mewn i'w ogoniant?

Llefarydd A chan ddechrau gyda Moses a'r holl broffwydi, dehonglodd iddynt y pethau a ysgrifennwyd amdano ef ei hun yn yr Ysgrythyrau.

Wedi iddynt nesáu at y pentref yr oeddent ar eu ffordd iddo, cymerodd ef arno ei fod yn mynd ymhellach. Ond meddent wrtho, gan bwyso arno,

Cleopas Aros gyda ni, oherwydd y mae'n nosi, a'r dydd yn dirwyn i ben.

Llefarydd Yna aeth i mewn i aros gyda hwy. Wedi cymryd ei le wrth y bwrdd gyda hwy, cymerodd y bara a bendithio, a'i dorri a'i roi iddynt. Agorwyd eu llygaid hwy, ac adnabuasant ef. A diflannodd ef o'u golwg. Meddent wrth eu gilydd,

Cleopas Onid oedd ein calonnau ar dân ynom wrth iddo siarad â ni ar y ffordd, pan oedd yn egluro'r Ysgrythurau inni?

Llefarydd Codasant ar unwaith a dychwelyd i Jerwsalem. Cawsant yr un ar ddeg a'u dilynwyr wedi ymgynnull ynghyd ac yn dweud fod yr Arglwydd yn wir wedi ei gyfodi, ac wedi ymddangos i Simon.

Adroddasant hwythau yr hanes am eu taith, ac fel yr oeddent wedi ei adnabod ar doriad y bara.

Ymddangos i'r Disgyblion
Luc 24: 36–49

Llefarydd 1 Wrth iddynt ddweud hyn, ymddangosodd ef yn eu plith, ac meddai wrthynt,

Iesu Tangnefedd i chwi.

Llefarydd 1 Yn eu dychryn a'u hofn, yr oeddent yn tybied eu bod yn gweld ysbryd. Gofynnodd iddynt,

Iesu Pam yr ydych wedi cynhyrfu? Pam y mae amheuon yn codi yn eich meddyliau? Gwelwch fy nwylo a'm traed; myfi yw, myfi fy hun. Cyffyrddwch â mi a gwelwch, oherwydd nid oes gan ysbryd gnawd ac esgyrn fel y canfyddwch fod gennyf fi.

Llefarydd 2 Wrth ddweud hyn dangosodd iddynt ei ddwylo a'i draed. A chan eu bod yn eu llawenydd yn dal i wrthod credu ac yn rhyfeddu, meddai wrthynt,

Iesu A oes gennych rywbeth i'w fwyta yma?

Llefarydd 2 Rhoesant iddo ddarn o bysgodyn wedi ei rostio. Cymerodd ef, a bwyta yn eu gŵydd.

Dywedodd wrthynt,

Iesu Dyma ystyr fy ngeiriau a leferais wrthych pan oeddwn eto gyda chwi: ei bod yn rhaid i bob peth gael ei gyflawni sy'n ysgrifenedig amdanaf yng Nghyfraith Moses a'r proffwydi a'r salmau.

Llefarydd 1 Yna agorodd eu meddyliau, iddynt ddeall yr Ysgrythurau. Meddai wrthynt,

Iesu   Fel hyn y mae'n ysgrifenedig: fod y Meseia i ddioddef, ac i atgyfodi oddi wrth y meirw ar y trydydd dydd, a bod edifeirwch, yn foddion maddeuant pechodau, i'w gyhoeddi yn ei enw ef i'r holl genhedloedd, gan ddechrau yn Jerwsalem.

Chwi yw'r tystion i'r pethau hyn. Ac yn awr yr wyf fi'n anfon arnoch yr hyn a addawodd fy Nhad; chwithau, arhoswch yn y ddinas, nes eich gwisgo chwi oddi uchod â nerth.

Esgyniad Iesu
Luc 24: 50–53

Llefarydd   Aeth â hwy allan i gyffuniau Bethania. Yna cododd ei ddwylo a'u bendithio. Wrth iddo eu bendithio, fe ymadawodd â hwy, ac fe'i dygwyd i fyny i'r nef. Wedi iddynt ei addoli ar eu gliniau, dychwelsant yn llawen iawn i Jerwsalem. Ac yr oeddent yn y deml yn ddi-baid, yn bendithio Duw

Yr Wythnos Fawr yn ôl Ioan

Yr Eneinio ym Methania
Ioan 12:1–9

Llefarydd   Chwe diwrnod cyn y Pasg, daeth Iesu i Fethania, lle'r oedd Lasarus yn byw, y dyn yr oedd wedi ei godi oddi wrth y meirw. Yno gwnaethpwyd iddo swper; yr oedd Martha yn gweini, a Lasarus yn un o'r rhai oedd gydag ef wrth y bwrdd.

A chymerodd Mair fesur o ennaint costfawr, nard pur, ac eneiniodd draed Iesu a'u sychu â'i gwallt. A llanwyd y tŷ gan bersawr yr ennaint. A dyma Jwdas Iscariot, un o'i ddisgyblion, yr un oedd yn mynd i'w fradychu, yn dweud,

Jwdas   Pan na werthwyd yr ennaint hwn am dri chant o ddarnau arian, a'i roi i'r tlodion?

Llefarydd   Ond fe ddywedodd hyn, nid am fod gofal ganddo am y tlodion, ond am mai lleidr ydoedd, yn cymryd o'r cyfraniadau yn y god arian oedd yn ei ofal. Meddai Iesu,

Iesu   Gad lonydd iddi, er mwyn iddi gadw'r ddefod ar gyfer dydd fy nghladdedigaeth. Y mae'r tlodion gyda chwi bob amser, ond nid wyf fi gyda chwi bob amser.

Llefarydd   Daeth tyrfa fawr o'r Iddewon i wybod ei fod yno, a daethant ato, nid o achos Iesu yn unig, ond er mwyn gweld Lasarus hefyd, y dyn yr oedd ef wedi ei godi oddi wrth y meirw. Ond gwnaeth y prif offeiriaid gynllwyn i ladd Lasarus hefyd, gan fod llawer o'r Iddewon, o'i achos ef, yn gwrthgilio ac yn credu yn Iesu.

Yr Ymdaith Fuddugoliaethus i mewn i Jerwsalem
Ioan 12: 12–19

Llefarydd   Trannoeth, clywodd y dyrfa fawr, a oedd wedi dod i'r ŵyl, fod Iesu'n dod i Jerwsalem. Cymerasant ganghennau o'r palmwydd ac aethant allan i'w gyfarfod, gan weiddi:

Iddew 1   Hosanna!

Iddew 2   Bendigedig yw'r un sy'n dod yn enw'r Arglwydd, yn Frenin Israel.

Llefarydd   Cafodd Iesu hyd i asyn ac eistedd arno, fel mae'n ysgrifenedig:

Proffwyd   Paid ag ofni, ferch Seion;
wele dy frenin yn dod,
yn eistedd ar ebol asen.

Llefarydd   Ar y cyntaf ni ddeallodd y disgyblion ystyr y pethau hyn, ond wedi i Iesu gael ei ogoneddu, cofiasant fod y pethau hyn yn ysgrifenedig amdano, ac iddynt eu gwneud iddo.

Yr oedd y dyrfa, a oedd gydag ef pan alwodd Lasarus o'r bedd a'i godi o blith y meirw, yn tystiolaethu am hynny. Dyna pam yr aeth tyrfa'r ŵyl i'w gyfarfod - yr oeddent wedi clywed am yr arwydd yma yr oedd wedi ei wneud. Gan hynny dywedodd y Phariseaid wrth ei gilydd,

Pharisead   Edrychwch, nid ydych yn llwyddo o gwbl. Aeth y byd i gyd ar ei ôl ef.

Golchi Traed y Disgyblion
Ioan 13: 1–20

Llefarydd Ar drothwy gŵyl y Pasg, yr oedd Iesu'n gwybod bod ei awr wedi dod, iddo ymadael â'r byd hwn a mynd at y Tad. Yr oedd wedi caru'r rhai oedd yn eiddo iddo yn y byd, ac fe'u carodd hyd yr eithaf. Yn ystod swper, pan oedd y diafol eisoes wedi gosod yng nghalon Jwdas fab Simon Iscariot y bwriad i'w fradychu, dyma Iesu, ac yntau'n gwybod bod y Tad wedi rhoi pob peth yn ei ddwylo ef, a'i fod wedi dod oddi wrth Dduw a'i fod yn mynd at Dduw, yn codi o'r swper ac yn rhoi ei wisg o'r neilltu, yn cymryd tywel ac yn ei glymu am ei ganol.

Yna tywalltodd ddŵr i'r badell, a dechreuodd olchi traed y disgyblion, a'u sychu â'r tywel oedd am ei ganol. Daeth at Simon Pedr yn ei dro, ac meddai ef wrtho,

Simon Pedr Arglwydd, a wyt ti am olchi fy nhraed i?

Iesu Ni wyddost ti ar hyn o bryd beth yr wyf fi am ei wneud, ond fe ddoi i wybod ar ôl hyn.

Simon Pedr Ni chei di olchi fy nhraed i byth.

Iesu Os na chaf dy olchi di, nid oes lle iti gyda mi.

Simon Pedr Arglwydd, nid fy nhraed yn unig, ond golch fy nwylo a'm pen hefyd.

Iesu Y mae'r sawl sydd wedi ymolchi drosto yn lân i gyd, ac nid oes angen golchi dim ond ei draed. Ac yr ydych chwi yn lân, ond nid pawb ohonoch.

Llefarydd Oherwydd gwyddai pwy oedd am ei fradychu. Dyna pam y dywedodd, "Nid yw pawb ohonoch yn lân."

Wedi iddo olchi eu traed, ac ymwisgo a chymryd ei le unwaith eto, gofynnodd iddynt,

Iesu A ydych yn deall beth yr wyf wedi ei wneud i chwi? Yr ydych chwi'n fy ngalw i yn 'Athro' ac yn 'Arglwydd', a hynny'n gwbl briodol, oherwydd dyna wyf fi. Os wyf fi, felly, a minnau'n Arglwydd ac yn Athro, wedi golchi eich traed chwi, fe ddylech chwithau hefyd olchi traed eich gilydd.

Yr wyf wedi rhoi esiampl i chwi; yr ydych chwithau hefyd i wneud fel yr wyf fi wedi gwneud i chwi. Yn wir, yn wir, 'rwy'n dweud wrthych, nid yw unrhyw was yn fwy na'i feistr, ac nid yw'r hwn a anfonir yn fwy na'r hwn a'i hanfonodd.

Os gwyddoch y pethau hyn, gwyn eich byd os gweithredwch arnynt. Nid wyf yn siarad amdanoch i gyd. Yr wyf fi'n gwybod pwy a ddewisais. Ond y mae'n rhaid i'r Ysgrythur gael ei chyflawni:

Ysgrythur Y mae'r un sy'n bwyta fy mara i wedi codi ei sawdl yn f'erbyn.

Iesu Yr wyf fi'n dweud wrthych yn awr, cyn i'r peth ddigwydd, er mwyn i chwi gredu, pan ddigwydd, mai myfi yw. Yn wir, yn wir, 'rwy'n dweud wrthych, y mae'r sawl sy'n derbyn unrhyw un a anfonaf fi yn fy nerbyn i, ac y mae'r sawl sy'n fy nerbyn i yn derbyn yr hwn a'm hanfonodd i.

Iesu, y Ffordd at y Tad
Ioan 14: 1–14

Iesu   Peidiwch â gadael i ddim gynhyrfu'ch calon.
Credwch yn Nuw, a chredwch ynof finnau. Yn nhŷ
fy Nhad y mae llawer o drigfannau; pe na byddai
felly, a fyddwn i wedi dweud wrthych fy mod yn
mynd i baratoi lle i chwi? Ac os af a pharatoi lle i
chwi, fe ddof yn ôl, a'ch cymryd chwi ataf fy hun, er
mwyn i chwithau fod lle'r wyf fi. Fe wyddoch y ffordd
i lle'r wyf fi'n mynd.

Llefarydd   Meddai Thomas wrtho,

Thomas   Arglwydd, ni wyddom i ble'r wyt yn mynd. Sut y
gallwn wybod y ffordd?

Llefarydd   Dywedodd Iesu wrtho,

Iesu   Myfi yw'r ffordd a'r gwirionedd a'r bywyd. Nid yw
neb yn dod at y Tad ond trwof fi. Os ydych wedi
f'adnabod i, byddwch yn adnabod y Tad hefyd. Yn
wir, yr ydych bellach yn ei adnabod ef ac wedi ei
weld ef.

Llefarydd   Meddai Philip wrtho,

Philip   Arglwydd, dangos i ni y Tad, a bydd hynny'n ddigon
inni.

Llefarydd   Atebodd Iesu ef,

Iesu   A wyf wedi bod gyda chwi cyhyd heb i ti fy
adnabod, Philip? Y mae'r sawl sydd wedi fy ngweld
i wedi gweld y Tad. Sut y medri di ddweud,

'Dangos i ni y Tad'? Onid wyt yn credu fy mod i yn y Tad, a'r Tad ynof fi?

Y geiriau yr wyf fi'n eu dweud wrthych, nid ohonof fy hun yr wyf yn eu llefaru; y Tad sy'n aros ynof fi sydd yn gwneud ei weithredoedd ei hun. Credwch fi pan ddywedaf fy mod i yn y Tad, a'r Tad ynof fi; neu ynteu credwch ar sail y gweithredoedd eu hunain.

Yn wir, yn wir, 'rwy'n dweud wrthych, bydd pwy bynnag sy'n credu ynof fi hefyd yn gwneud y gweithredoedd yr wyf fi'n eu gwneud; yn wir bydd yn gwneud rhai mwy na'r rheini, oherwydd fy mod i'n mynd at y Tad. Beth bynnag a ofynnwch yn fy enw i, fe'i gwnaf, er mwyn i'r Tad gael ei ogoneddu yn y Mab. Os gofynnwch unrhyw beth i mi, yn fy enw i, fe'i gwnaf.

Bradychu a Dal Iesu
Ioan 18: 1–11

Llefarydd   Wedi iddo ddweud hyn, aeth Iesu allan gyda'i ddisgyblion a chroesi nant Cidron. Yr oedd gardd yno, ac iddi hi yr aeth ef a'i ddisgyblion. Yr oedd Jwdas hefyd, ei fradychwr, yn gwybod am y lle, oherwydd yr oedd Iesu lawer gwaith wedi cyfarfod â'i ddisgyblion yno. Cymerodd Jwdas felly fintai o filwyr, a swyddogion oddi wrth y prif offeiriaid a'r Phariseaid, ac aeth yno gyda llusernau a ffaglau ac arfau. Gan fod Iesu'n gwybod pob peth oedd ar fin digwydd iddo, aeth allan atynt a gofyn,

Iesu   Pwy yr ydych yn ei geisio?

Llefarydd   Atebasant ef,

Milwr   Iesu o Nasareth.

Iesu   Myfi yw.

Llefarydd   Meddai yntau wrthynt. Ac yr oedd Jwdas, ei fradychwr, yn sefyll yno gyda hwy. Pan ddywedodd Iesu wrthynt, 'Myfi yw', ciliasant yn ôl a syrthio i'r llawr. Felly gofynnodd iddynt eilwaith,

Iesu   Pwy yr ydych yn ei geisio?

Milwr   Iesu o Nasareth.

Iesu   Dywedais wrthych mai myfi yw. Os myfi yr ydych yn ei geisio, gadewch i'r rhain fynd.

Llefarydd   Felly cyflawnwyd y gair yr oedd wedi ei lefaru: 'Ni chollais yr un o'r rhai a roddaist imi.' Yna tynnodd Simon Pedr y cleddyf oedd ganddo, a tharo gwas yr archoffeiriad a thorri ei glust dde i ffwrdd. Enw'r gwas oedd Malchus. Ac meddai Iesu wrth Pedr,

Iesu   Rho dy gleddyf yn ôl yn y wain. Onid wyf am yfed y cwpan y mae'r Tad wedi ei roi imi?

Iesu gerbron yr Archoffeiriad,
Pedr yn Gwadu Iesu
Ioan 18: 12–14; 19–24; 15–18; 25–27

Llefarydd   Yna cymerodd y fintai a'i chapten, a swyddogion yr Iddewon, afael yn Iesu a'i rwymo. Aethant ag ef at Annas yn gyntaf. Ef oedd tad-yng-nghyfraith Caiaffas, a oedd yn archoffeiriad y flwyddyn honno. Caiaffas oedd y dyn a gynghorodd yr Iddewon mai mantais fyddai i un dyn farw dros y bobl.

Llefarydd   Yna holodd yr archoffeiriad Iesu am ei ddisgyblion ac am ei ddysgeidiaeth. Atebodd Iesu ef

Iesu   Yr wyf fi wedi siarad yn agored wrth y byd. Yr oeddwn i bob amser yn dysgu mewn synagog ac yn y deml, lle y bydd yr Iddewon i gyd yn ymgynnull; nid wyf wedi siarad dim yn y dirgel. Pam yr wyt yn fy holi i? Hola'r rhai sydd wedi clywed yr hyn a lefarais wrthynt. Dyma'r sawl sy'n gwybod beth a ddywedais i.

Llefarydd   Pan ddywedodd hyn, rhoddodd un o'r swyddogion oedd yn sefyll yn ei ymyl gernod i Iesu, gan ddweud,

Swyddog   Ai felly yr wyt yn ateb yr archoffeiriad?

Llefarydd   Atebodd Iesu,

Iesu   Os dywedais rywbeth o'i le, rho dystiolaeth ynglŷn â hynny. Ond os oeddwn yn fy lle, pam yr wyt yn fy nharo?

Llefarydd   Yna anfonodd Annas ef, wedi ei rwymo, at Caiaffas, yr archoffeiriad.

Llefarydd   Yr oedd Simon Pedr yn canlyn Iesu, a disgybl arall hefyd. Yr oedd y disgybl hwn yn adnabyddus i'r archoffeiriad, ac fe aeth i mewn gyda Iesu i gyntedd yr archoffeiriad, ond safodd Pedr wrth y drws y tu allan. Felly aeth y disgybl arall, yr un oedd yn adnabyddus i'r archoffeiriad, allan a siarad â'r forwyn oedd yn cadw'r drws, a daeth Pedr i mewn. A dyma'r forwyn oedd yn cadw'r drws yn dweud wrth Pedr,

Morwyn   Tybed a wyt tithau'n un o ddisgyblion y dyn yma?

Pedr   Nac ydwyf.

Llefarydd   Atebodd yntau. A chan ei bod yn oer, yr oedd y gweision a'r swyddogion wedi gwneud tân golosg, ac yr oeddent yn sefyll yn ymdwymo wrtho. Ac yr oedd Pedr yntau yn sefyll gyda hwy yn ymdwymo. Meddent wrtho felly,

Dyn   Tybed a wyt tithau'n un o'i ddisgyblion?

Pedr   Nac ydwyf.

Llefarydd   Gwadodd yntau. Dyma un o weision yr archoffeiriad, perthynas i'r un y torrodd Pedr ei glust i ffwrdd, yn gofyn iddo,

Gwas   Oni welais i di yn yr ardd gydag ef?

Llefarydd   Yna gwadodd Pedr eto. Ac ar hynny, canodd y ceiliog.

Iesu gerbron Pilat a'i Ddedfrydu i Farwolaeth
Ioan 18: 28–40; 19: 1–16

Llefarydd   Aethant â Iesu oddi wrth Caiaffas i'r Praetoriwm. Yr oedd yn fore. Nid aeth yr Iddewon eu hunain i mewn i'r Praetoriwm, rhag iddynt gael eu halogi, er mwyn gallu bwyta gwledd y Pasg. Am hynny, daeth Pilat allan atynt hwy, ac meddai,

Pilat   Beth yw'r cyhuddiad yr ydych yn ei ddwyn yn erbyn y dyn hwn?

Llefarydd   Atebasant ef,

Iddew   Oni bai fod hwn yn droseddwr, ni buasem wedi ei drosglwyddo i ti.

Llefarydd   Yna dywedodd Pilat wrthynt,

Pilat   Cymerwch chwi ef, a barnwch ef yn ôl eich Cyfraith eich hunain.

Llefarydd   Meddai'r Iddewon wrtho,

Iddew   Nid yw'n gyfreithlon i ni roi neb i farwolaeth.

Llefarydd   Felly cyflawnwyd y gair yr oedd Iesu wedi ei lefaru i ddangos beth fyddai dull y farwolaeth oedd yn ei aros. Yna, aeth Pilat i mewn i'r Praetoriwm eto. Galwodd Iesu, ac meddai wrtho,

Pilat   Ai ti yw Brenin yr Iddewon?

Iesu   Ai ohonot ti dy hun yr wyt ti'n dweud hyn, ai ynteu eraill a ddywedodd hyn wrthyt amdanaf fi?

Llefarydd Gofynnodd Iesu. Atebodd Pilat,

Pilat Ai Iddew wyf fi? Dy genedl dy hun a'i phrif offeiriaid sydd wedi dy drosglwyddo i mi. Beth wnaethost ti?

Iesu Nid yw fy nheyrnas i o'r byd hwn. Pe bai fy nheyrnas i o'r byd hwn, byddai fy ngwasanaethwyr i yn ymladd, rhag imi gael fy nhrosglwyddo i'r Iddewon. Ond y gwir yw, nid dyma darddle fy nheyrnas i.

Llefarydd Atebodd Iesu. Yna meddai Pilat wrtho,

Pilat Yr wyt ti yn frenin, ynteu?

Iesu Ti sy'n dweud fy mod yn frenin. Er mwyn hyn yr wyf fi wedi cael fy ngeni, ac er mwyn hyn y deuthum i'r byd, i dystiolaethu i'r gwirionedd. Y mae pawb sy'n perthyn i'r gwirionedd yn gwrando ar fy llais i.

Llefarydd Atebodd Iesu. Meddai Pilat wrtho,

Iesu Beth yw gwirionedd?

Llefarydd Wedi iddo ddweud hyn, aeth allan eto at yr Iddewon ac meddai wrthynt,

Pilat Nid wyf fi'n cael unrhyw achos yn ei erbyn. Ond y mae'n arfer gennych i mi ryddhau un carcharor ichwi ar y Pasg. A ydych yn dymuno, felly, imi ryddhau i chwi Frenin yr Iddewon?

Llefarydd Yna gwaeddasant yn ôl,

Iddew Na nid hwnnw, ond Barabbas.

Llefarydd   Terfysgwr oedd Barabbas.

Yna cymerodd Pilat Iesu, a'i fflangellu. A phlethodd y milwyr goron o ddrain a'i gosod ar ei ben ef, a rhoi mantell borffor amdano. Ac yr oeddent yn dod ato ac yn dweud,

Milwr   Henffych well, Frenin yr Iddewon!

Llefarydd   Ac yn ei gernodio. Daeth Pilat allan eto, ac meddai wrthynt,

Pilat   Edrychwch, rwy'n dod ag ef allan atoch, er mwyn i chwi wybod nad wyf yn cael unrhyw achos yn ei erbyn.

Llefarydd   Daeth Iesu allan, felly, yn gwisgo'r goron ddrain a'r fantell borffor. A dywedodd Pilat wrthynt,

Pilat   Dyma'r dyn.

Llefarydd   Pan welodd y prif offeiriaid a'r swyddogion ef, gwaeddasant,

Offeiriad   Croeshoelia, croeshoelia.

Pilat   Cymerwch ef eich hunain a chroeshoeliwch, oherwydd nid wyf fi'n cael achos yn ei erbyn.

Llefarydd   Meddai Pilat wrthynt. Atebodd yr Iddewon ef,

Iddew   Y mae gennym ni Gyfraith, ac yn ôl y Gyfraith honno fe ddylai farw, oherwydd fe'i gwnaeth ei hun yn Fab Duw.

Llefarydd   Pan glywodd Pilat y gair hwn, ofnodd yn fwy byth. Aeth yn ei ôl i mewn i'r Praetoriwm, a gofynnodd i Iesu,

Pilat   O ble'r wyt ti'n dod?

Llefarydd   Ond ni roddodd Iesu ateb iddo. Dyma Pilat felly yn gofyn iddo,

Pilat   Onid wyt ti am siarad â mi? Oni wyddost fod gennyf awdurdod i'th ryddhau di, a bod gennyf awdurdod hefyd i'th groeshoelio di?

Llefarydd   Atebodd Iesu ef,

Iesu   Ni fyddai gennyt ddim awdurdod arnaf fi oni bai ei fod wedi ei roi iti oddi uchod. Gan hynny, y mae'r hwn a'm trosglwyddodd i ti yn euog o bechod mwy.

Llefarydd   O hyn allan, ceisiodd Pilat ei ryddhau ef. Ond gwaeddodd yr Iddewon:

Iddew   Os wyt yn rhyddhau'r dyn hwn, nid wyt yn gyfaill i Gesar. Y mae pob un sy'n ei wneud ei hun yn frenin yn gwrthryfela yn erbyn Cesar.

Llefarydd   Pan glywodd Pilat y geiriau hyn, daeth â Iesu allan, ac eisteddodd ar y brawdle yn y lle a elwir Y Palmant (yn iaith yr Iddewon, Gabbatha). Dydd Paratoad y Pasg oedd hi, tua hanner dydd. A dywedodd Pilat wrth yr Iddewon,

Pilat   Dyma eich brenin.

Llefarydd   Gwaeddasant hwythau,

Tyrfa   Ymaith ag ef, ymaith ag ef, croeshoelia ef.

Llefarydd Meddai Pilat wrthynt,

Pilat   A wyf i groeshoelio eich brenin chwi?

Llefarydd Atebodd y prif offeiriaid,

Prif   Nid oes gennym frenin ond Cesar.
Offeiriad

Llefarydd Yna traddododd Pilat Iesu iddynt i'w groeshoelio.

Croeshoelio Iesu
Ioan 19: 16–27

Llefarydd Felly cymerasant Iesu. Ac aeth allan, gan gario'i groes ei hun, i'r man a elwir Lle Penglog (yn iaith yr Iddewon fe'i gelwir Golgotha). Yno croeshoeliasant ef, a dau arall gydag ef, un ar bob ochr a Iesu yn y canol.

Ysgrifennodd Pilat deitl, a'i osod ar y groes; dyma'r hyn a ysgrifennwyd: "Iesu o Nasareth, Brenin yr Iddewon." Darllenodd llawer o'r Iddewon y teitl hwn oherwydd yr oedd y fan lle croeshoeliwyd Iesu yn agos i'r ddinas.

Yr oedd y teitl wedi ei ysgrifennu yn iaith yr Iddewon, ac mewn Lladin a Groeg. Yna meddai prif offeiriaid yr Iddewon wrth Pilat,

Offeiriad Paid ag ysgrifennu, 'Brenin yr Iddewon', ond yn hytrach, 'Dywedodd ef, "Brenin yr Iddewon wyf fi"'

Llefarydd Atebodd Pilat,

Pilat Yr hyn a ysgrifennais a ysgrifennais.

Llefarydd Wedi iddynt groeshoelio Iesu, cymerodd y milwyr ei ddillad ef a'u rhannu'n bedair rhan, un i bob milwr. Cymerasant ei grys hefyd; yr oedd hwn yn ddiwnïad, wedi ei weu o'r pen yn un darn.

Llefarydd Meddai'r milwyr wrth i gilydd,

Milwr Peidiwn â'i rhwygo hi, gadewch inni fwrw coelbren amdani, i benderfynu pwy gaiff hi.

Llefarydd   Felly cyflawnwyd yr Ysgrythur sy'n dweud,

Y Salmydd   Rhanasant fy nillad yn eu mysg, a bwrw coelbren ar fy ngwisg.

Llefarydd   Felly y gwnaeth y milwyr. Ond yn ymyl croes Iesu yr oedd ei fam ef yn sefyll gyda'i chwaer, Mair gwraig Clopas, a Mair Magdalen. Pan welodd Iesu ei fam, felly, a'r disgybl yr oedd yn ei garu yn sefyll yn ei hymyl, meddai wrth ei fam,

Iesu   Wraig, dyma dy fab di.

Llefarydd   Yna dywedodd wrth y disgybl,

Iesu   Dyma fy fam di.

Llefarydd   Ac o'r awr honno, cymerodd y disgybl hi i mewn i'w gartref.

Marwolaeth Iesu a Thrywanu Ystlys Iesu
Ioan 19: 28–37

Llefarydd Ar ôl hyn yr oedd Iesu'n gwybod bod pob peth bellach wedi ei orffen, ac er mwyn i'r Ysgrythur gael ei chyflawni dywedodd,

Iesu Y mae arnaf syched.

Llefarydd Yr oedd llestr ar lawr yno, yn llawn o win sur, a dyma hwy'n dodi ysbwng, wedi ei lenwi â'r gwin yma, ar ddarn o isop, a'i godi at ei wefusau. Yna, wedi iddo gymryd y gwin, dywedodd Iesu,

Iesu Gorffennwyd.

Llefarydd Gwyrodd ei ben, a rhoi i fyny ei ysbryd.

Yna, gan ei bod yn ddydd Paratoad, gofynnodd yr Iddewon i Pilat am gael torri coesau'r rhai a groeshoeliwyd, a chymryd y cyrff i lawr, rhag iddynt ddal i fod ar y groes ar y Saboth, oherwydd yr oedd y Saboth hwnnw'n uchel-ŵyl.

Felly daeth y milwyr, a thorri coesau'r naill a'r llall a groeshoeliwyd gyda Iesu. Ond pan ddaethant at Iesu a gweld ei fod ef eisoes yn farw, ni thorasant ei goesau. Ond fe drywanodd un o'r milwyr ei ystlys ef â phicell, ac ar unwaith dyma waed a dŵr yn llifo allan.

Y mae'r un a welodd y peth wedi dwyn tystiolaeth i hyn, ac y mae ei dystiolaeth ef yn wir. Y mae hwnnw'n gwybod ei fod yn dweud y gwir, a gallwch chwithau felly gredu. Digwyddodd hyn er mwyn i'r Ysgrythur gael ei chyflawni:

Ysgrythur 1 Ni thorrir asgwrn ohono.

Llefarydd   Ac y mae'r Ysgrythur hefyd yn dweud mewn lle
arall;

Ysgrythur 2 Edrychant ar yr hwn a drywanwyd ganddynt.

Claddu Iesu
Ioan 19: 38–42

Llefarydd 1 Ar ôl hyn, gofynnodd Joseff o Arimathea ganiatâd Pilat i gymryd corff Iesu i lawr. Yr oedd Joseff yn ddisgybl i Iesu, ond yn ddisgybl cudd, gan fod ofn yr Iddewon arno. Rhoddodd Pilat ganiatâd, ac felly aeth Joseff i gymryd y corff i lawr. Aeth Nicodemus hefyd, y dyn oedd wedi dod at Iesu y tro cyntaf liw nos, a daeth ef â thua chan mesur o fyrr ac aloes yn gymysg.

Llefarydd 2 Cymerasant gorff Iesu, a'i rwymo, yngyd â'r peraroglau, mewn llieiniau, yn unol ag arferion claddu'r Iddewon. Yn y fan lle croeshoeliwyd ef yr oedd gardd, ac yn yr ardd yr oedd bedd newydd nad oedd neb erioed wedi ei roi i orwedd ynddo. Felly, gan ei bod yn ddydd Paratoad i'r Iddewon, a chan fod y bedd hwn yn ymyl, rhoesant Iesu i orwedd ynddo.

Atgyfodiad Iesu
Ioan 20: 1–10

Llefarydd 1 Ar y dydd cyntaf o'r wythnos, yn fore, tra oedd hi eto'n dywyll, dyma Mair Magdalen yn dod at y bedd, ac yn gweld bod y maen wedi ei dynnu oddi wrth y bedd. Rhedodd, felly, nes dod at Simon Pedr a'r disgybl arall, yr un yr oedd Iesu'n ei garu. Ac meddai wrthynt,

Mair Magdalen Y maent wedi cymryd yr Arglwydd allan o'r bedd, ac ni wyddom lle y maent wedi ei roi o orwedd.

Llefarydd 2 Yna cychwynnodd Pedr a'r disgybl arall allan, a mynd at y bedd. Yr oedd y ddau'n cydredeg, ond rhedodd y disgybl arall ymlaen yn gynt na Pedr, a chyrraedd y bedd yn gyntaf. Plygodd i edrych, a gwelodd y llieiniau yn gorwedd yno, ond nid aeth i mewn.

Llefarydd 1 Yna daeth Simon Pedr ar ei ôl, a mynd i mewn i'r bedd. Gwelodd y llieiniau yn gorwedd yno, a hefyd y cadach oedd wedi bod am ei ben ef; nid oedd hwn yn gorwedd gyda'r llieiniau, ond ar wahân, wedi ei blygu ynghyd.

Llefarydd 2 Yna aeth y disgybl arall, y cyntaf i ddod at y bedd, yntau i mewn. Gwelodd, ac fe gredodd. Oherwydd nid oeddent eto wedi deall yr hyn a ddywed yr Ysgrythur, fod yn rhaid iddo atgyfodi oddi wrth y meirw. Yna aeth y disgyblion yn ôl adref.

Iesu'n Ymddangos i Fair Magdalen
Ioan 20: 11–18

Llefarydd   Ond yr oedd Mair yn dal i sefyll y tu allan i'r bedd, yn wylo. Wrth iddi wylo felly, plygodd i edrych i mewn i'r bedd, a gwelodd ddau angel mewn dillad gwyn yn eistedd lle'r oedd corff Iesu wedi bod yn gorwedd, un wrth y pen a'r llall wrth y traed. Ac meddai'r rhain wrthi,

Angel   Wraig, pam yr wyt ti'n wylo?

Mair   Y maent wedi cymryd fy Arglwydd i ffwrdd, ac ni wn i lle y maent wedi ei roi i orwedd.

Llefarydd   Atebodd hwy. Wedi iddi ddweud hyn, troes yn ei hôl, a gwelodd Iesu'n sefyll yno, ond heb sylweddoli mai Iesu ydoedd. Meddai Iesu wrthi,

Iesu   Wraig, pam yr wyt yn wylo? Pwy yr wyt yn ei geisio?

Llefarydd   Gan feddwl mai'r garddwr ydoedd, dywedodd hithau wrtho,

Mair   Os mai ti, syr, a'i cymerodd ef, dywed wrthyf lle y rhoddaist ef i orwedd, ac fe'i cymeraf fi ef i'm gofal.

Llefarydd   Meddai Iesu wrthi,

Iesu   Mair.

Llefarydd   Troes hithau, ac meddai wrtho yn iaith yr Iddewon,

Mair   Rabbwni.

Llefarydd   Hynny yw, 'Athro.' Meddai Iesu wrthi,

Iesu   Paid â glynu wrthyf, oherwydd nid wyf eto wedi esgyn at y Tad. Ond dos at fy mrodyr, a dywed wrthynt, 'Yr wyf yn esgyn at fy Nhad i a'ch Tad chwi, fy Nuw i a'ch Duw chwi.'

Llefarydd   Ac aeth Mair Magdalen i gyhoeddi'r newydd i'r disgyblion,

Mair   Yr wyf wedi gweld yr Arglwydd.

Llefarydd   Meddai, ac eglurodd ei fod wedi dweud y geiriau hyn wrthi.

Iesu'n Ymddangos i'r Disgyblion ac
Anghrediniaeth Thomas
Ioan 20: 19–29

Llefarydd   Gyda'r nos ar y dydd cyntaf hwnnw o'r wythnos, yr oedd y drysau wedi eu cloi lle'r oedd y disgyblion, oherwydd eu bod yn ofni'r Iddewon. A dyma Iesu'n dod ac yn sefyll yn eu canol, ac yn dweud wrthynt,

Iesu   Tangnefedd i chwi!

Llefarydd   Wedi dweud hyn, dangosodd ei ddwylo a'i ystlys iddynt. Pan welsant yr Arglwydd, llawenychodd y disgyblion. Meddai Iesu wrthynt eilwaith,

Iesu   Tangnefedd i chwi! Fel y mae'r Tad wedi fy anfon i, yr wyf fi hefyd yn eich anfon chwi.

Llefarydd   Ac wedi dweud hyn, anadlodd arnynt a dweud,

Iesu   Derbyniwch yr Ysbryd Glân. Os maddeuwch bechodau rhywun, y maent wedi eu maddau; os peidiwch â'u maddau, y maent heb eu maddau.

Llefarydd   Nid oedd Thomas, a elwir Didymus, un o'r Deuddeg, gyda hwy pan ddaeth Iesu atynt. Ac felly dywedodd y disgyblion eraill wrtho,

Disgybl   Yr ydym wedi gweld yr Arglwydd.

Llefarydd   Ond meddai ef wrthynt,

Thomas   Os na welaf ôl yr hoelion yn ei ddwylo, a rhoi fy mys yn ôl yr hoelion, a'm llaw yn ei ystlys, ni chredaf byth.

Llefarydd   Ac ymhen wythnos, yr oedd y disgyblion unwaith eto yn y tŷ, a Thomas gyda hwy. A dyma Iesu'n dod, er bod y drysau wedi eu cloi, ac yn sefyll yn y canol a dweud,

Iesu   Tangnefedd i chwi!

Llefarydd   Yna meddai wrth Thomas,

Iesu   Estyn dy fys yma. Edrych ar fy nwylo. Estyn dy law a'i rhoi yn fy ystlys. A phaid â bod yn anghredadun, bydd yn gredadun.

Llefarydd   Atebodd Thomas ef,

Thomas   Fy Arglwydd a'm Duw!

Llefarydd   Dywedodd Iesu wrtho,

Iesu   Ai am i ti fy ngweld i yr wyt ti wedi credu? Gwyn eu byd y rhai a gredodd heb iddynt weld.

Iesu'n Ymddangos i'r Saith Disgybl
Ioan 21: 1–14

Llefarydd 1 Ar ôl hyn, amlygodd Iesu ei hun unwaith eto i'w ddisgyblion, ar lan Môr Tiberias. A dyma sut y gwnaeth hynny.

Yr oedd Simon Pedr, a Thomas a elwir Didymus, a Nathanael o Gana Galilea, a meibion Sebedeus, a dau arall o'i ddisgyblion, i gyd gyda'i gilydd. A dyma Simon Pedr yn dweud wrth y lleill,

Simon Pedr Rwy'n mynd i bysgota.

Llefarydd 2 Atebasant ef,

Disgybl Rydym ninnau yn dod gyda thi.

Llefarydd 2 Aethant allan, a mynd i'r cwch. Ond ni ddaliasant ddim y noson honno. Pan ddaeth y bore, safodd Iesu ar y lan, ond nid oedd y disgyblion yn gwybod mai Iesu ydoedd. Dyma Iesu felly'n gofyn iddynt,

Iesu Does gennych ddim pysgod, fechgyn?

Disgybl Nac oes.

Llefarydd 1 Atebasant ef. Meddai yntau wrthynt,

Iesu Bwriwch y rhwyd i'r ochr dde i'r cwch, ac fe gewch helfa.

Llefarydd 1 Gwnaethant felly, ac ni allent dynnu'r rhwyd i mewn gan gymaint y pysgod oedd ynddi. A dyma'r disgybl hwnnw yr oedd Iesu'n ei garu yn dweud wrth Pedr,

Ioan   Yr Arglwydd yw.

Llefarydd 2   Yna, pan glywodd Simon Pedr mai'r Arglwydd ydoedd, clymodd ei wisg uchaf amdano (oherwydd yr oedd wedi tynnu ei ddillad), a neidiodd i mewn i'r môr.

Daeth y disgyblion eraill yn y cwch, gan lusgo'r rhwyd yn llawn o bysgod; nid oeddent ymhell o'r lan, dim ond rhyw gan medr. Wedi iddynt lanio, gwelsant dân golosg wedi ei wneud, a physgod arno, a bara. Meddai Iesu wrthynt,

Iesu   Dewch â rhai o'r pysgod yr ydych newydd eu dal.

Llefarydd 1   Dringodd Simon Pedr i'r cwch, a thynnu'r rhwyd i'r lan yn llawn o bysgod braf, cant pum deg a thri ohonynt. Ac er bod cymaint ohonynt, ni thorrodd y rhwyd. Meddai Iesu wrthynt,

Iesu   Dewch, cymerwch frecwast.

Llefarydd 2   Meddai Iesu. Ond nid oedd neb o'r disgyblion yn beiddio gofyn iddo, 'Pwy wyt ti?' Yr oeddent yn gwybod mai yr Arglwydd ydoedd. Daeth Iesu atynt, a chymerodd y bara a'i roi iddynt, a'r pysgod yr un modd. Dyma, yn awr, y drydedd waith i Iesu ymddangos i'w ddisgyblion ar ôl iddo gael ei gyfodi oddi wrth y meirw.

Portha Fy Nefaid
Y Disgybl Annwyl
Ioan 21: 15–25

Llefarydd   Yna, wedi iddynt gael brecwast, gofynnodd Iesu i Simon Pedr,

Iesu   Simon fab Ioan, a wyt ti'n fy ngharu i yn fwy na'r rhain?

Simon   Ydwyf, Arglwydd, fe wyddost ti fy mod yn dy garu di.

Llefarydd   Atebodd ef. Meddai Iesu wrtho,

Iesu   Portha fy ŵyn.

Llefarydd   Wedyn gofynnodd iddo yr ail waith,

Iesu   Simon fab Ioan, a wyt ti'n fy ngharu i?

Llefarydd   Meddai Pedr wrtho.

Simon   Ydwyf, Arglwydd, fe wyddost ti fy mod yn dy garu di.

Llefarydd   Meddai Iesu wrtho,

Iesu   Bugeilia fy nefaid.

Llefarydd   Gofynnodd iddo y drydedd waith,

Iesu   Simon fab Ioan, a wyt ti'n fy ngharu i?

Llefarydd   Aeth Pedr yn drist am ei fod wedi gofyn iddo y drydedd waith, 'A wyt ti'n fy ngharu i?' Ac meddai wrtho,

Simon   Arglwydd, fe wyddost ti bob peth, ac rwyt yn gwybod fy mod yn dy garu di.

Llefarydd   Dywedodd Iesu wrtho,

Iesu   Portha fy nefaid. Yn wir, yn wir, rwy'n dweud wrthyt, pan oeddit yn ifanc, yr oeddit yn dy wregysu dy hunan, ac yn mynd lle bynnag y mynnit. Ond pan fyddi'n hen, byddi'n estyn dy ddwylo i rywun arall dy wregysu, a mynd â thi lle nad wyt yn mynnu.

Llefarydd   Dywedodd hyn i ddangos beth fyddai dull y farwolaeth yr oedd Pedr i ogoneddu Duw trwyddi. Ac wedi iddo ddweud hyn, meddai wrth Pedr,

Iesu   Canlyn fi.

Llefarydd   Trodd Pedr, a gwelodd y disgybl yr oedd Iesu'n ei garu yn eu canlyn – yr un oedd wedi pwyso'n ôl ar fynwes Iesu yn ystod y swper, ac wedi gofyn iddo, 'Arglwydd, pwy yw'r un sy'n mynd i'th fradychu di?'. Pan welodd Pedr hwn, gofynnodd i Iesu,

Pedr   Arglwydd, beth am hwn?

Llefarydd   Atebodd Iesu ef,

Iesu   Os byddaf yn dymuno iddo ef aros hyd nes y dof fi, beth yw hynny i ti? Canlyn di fi.

Llefarydd   Aeth y gair yma ar led ymhlith ei ddilynwyr, a thybiwyd nad oedd y disgybl hwnnw i farw. Ond ni ddywedodd Iesu wrtho nad oedd i farw, ond,

Iesu   Os byddaf yn dymuno iddo aros hyd nes y dof fi,
                beth yw hynny i ti?

Llefarydd   Hwn yw'r disgybl sydd yn tystiolaethu am y pethau
                hyn, ac sydd wedi ysgrifennu'r pethau hyn. Ac fe
                wyddom ni fod ei dystiolaeth ef yn wir.

                Y mae hefyd lawer o bethau eraill a wnaeth Iesu.
                Petai pob un o'r rhain yn cael cofnodi, ni byddai'r
                byd, i'm tyb i, yn ddigon mawr i ddal y llyfrau
                fyddai'n cael eu hysgrifennu.

Amcan y Llyfr
Ioan 20: 30–31

Yr oedd llawer o arwyddion eraill yn wir a wnaeth Iesu yng Ngŵydd ei ddisgyblion, nad ydynt wedi eu cofnodi yn y llyfr hwn. Ond y mae'r rhain wedi eu cofnodi er mwyn i chi gredu mai Iesu yw'r Meseia; Mab Duw, ac er mwyn i chi trwy gredu gael bywyd yn ei enw ef.

Y Beibl Wedi Ei Ddramateiddio

Cynnwys

Rhan 1 – Y Salmau:

Rhan 2 – Darlleniadau ar gyfer y Nadolig:

Rhan 3 – Bywyd a Gwaith Iesu:

Yr Wythnos Fawr yn ôl Mathew

Yr Wythnos Fawr yn ôl Marc

Yr Wythnos Fawr yn ôl Luc

Yr Wythnos Fawr yn ôl Ioan